KB055076

니코마코스 윤리학

아들에게 들려주는 행복의 길

청소년 철학창고 06

니코마코스 윤리학 아들에게 들려주는 행복의 길

초판 1쇄 인쇄 2005년 9월 1일 | 초판 17쇄 발행 2023년 10월 20일

풀어쓴이 홍석영
펴낸이 홍석 | 이사 홍성우 | 기획 채희석
인문편집부장 박월 | 편집 박주혜·조준태
표지 디자인 황종환 | 본문 디자인 서은경
마케팅 이송희·김민경 | 관리 최우리·김정선·정원경·홍보람·조영행·김지혜
펴낸곳 도서출판 풀빛 | 등록 1979년 3월 6일 제2021-000055호
주소 07547 서울시 강서구 양천로 583, 우림블루나인비즈니스센터 A동 21층 2110호
전화 02-363-5995(영업), 02-364-0844(편집) | 팩스 070-4275-0445
홈페이지 www.pulbit.co.kr | 전자우편 inmun@pulbit.co.kr

ISBN 978-89-7474-532-5 44160
ISBN 978-89-7474-526-4 (세트)

니코마코스 윤리학

아들에게 들려주는 행복의 길

아리스토텔레스 지음 | 홍석영 풀어씀

풀빛

'청소년 철학창고'를 펴내며

우리 청소년이 읽을 만한 좋은 책은 없을까? 많은 분들이 이런 고민을 하셨을 겁니다. 그러면서 흔히들 고전을 읽어야 한다고 합니다. 하지만 서점에 가서 책을 골라 보신 분들은 느꼈을 겁니다. '청소년의 지적 수준에 맞춰서 읽힐 만한 고전이 이렇게도 없는가.'라고.

고전 선택의 또 다른 어려움은 고전의 범위가 매우 넓다는 것입니다. 청소년 시기에는 시간과 능력의 한계 때문에 그 많은 고전들을 모두 읽을 수 없습니다. 그렇다면 어떤 책을 읽어야 할까요?

이런 여러 현실적인 어려움을 고려해 기획한 것이 풀빛 '청소년 철학창고'입니다. '청소년 철학창고'는 고전의 핵심이라 할 수 있는 '철학'에 더 많은 무게를 실었습니다. 그 이유는 무엇일까요?

사람들은 일반적으로 철학을 현실과 동떨어진 공리공담이나 펼치는 학문이라고 생각합니다. 하지만 철학적 사고의 핵심은 사물과 현상을 다양하게 분석하고 종합해서 그 원칙이나 원리를 찾아내는 것입니다. 그래서 철학은 인간과 세상에 대해 깊이 있게 생각하고, 논리적으로 종합하는 능력을 키워 줍니다. 그런 만큼 세상과 인간에 대해 눈떠 가는 청소년 시기에 정말로 필요한 공부입니다.

하지만 모든 고전이 그렇듯이 철학 고전 또한 읽기가 쉽지 않습니다. 그래서 '청소년 철학창고'는 청소년의 눈높이에 맞추기 위해 선정에서부터 원문 구성에 이르기까지 많은 노력을 기울였습니다.

첫째, 책을 선정하는 과정에서부터 엄격함을 유지했습니다. 동양·서양·한국 철학 전공자들이 많은 회의 과정을 거쳐, 각 시대마다 동서양과 한국을 대표하는 철학 고전들을 엄선했습니다. 특히 우리 선조들의 사상과 동시대 동서양의 사상들을 주체적인 입장에서 비교하고 검토할 수 있도록 했습니다.

둘째, 고전 읽기의 참다운 맛을 살리기 위해 최대한 원문을 중심으로 구성했습니다. 물론 원문 읽기의 어려움을 해결하기 위해 새롭게 번역하고 재정리했습니다. 그리고 청소년이라면 누구나 어렵지 않게 읽으면서 고전이 주는 의미와 내용을 이해할 수 있도록 설명을 덧붙였고, 전체 해설을 통해 저자의 사상과 전체 내용을 다시 한번 정리해 주었습니다.

마지막으로 쉬운 것부터 읽기 시작해 점차 사고의 폭을 넓혀 가도록 난이도에 따라 세 단계로 구분했습니다. 물론 단계와 상관없이 읽고 싶은 순서대로 읽어도 됩니다.

우리 선정위원들은 고전 읽기의 진정한 의미가 '옛것을 되살려 오늘을 새롭게 한다(溫故知新).'는 데 있다고 생각합니다. '청소년 철학창고'를 통해 자라나는 청소년들이 인간과 사물에 대한 깊은 통찰력을 키워, 밝은 미래를 열어 나갈 수 있기를 진정으로 바랍니다.

2005년 2월

선정위원 허우성(경희대 교수, 동양철학)   윤찬원(인천대 교수, 동양철학)
         정영근(서울산업대 교수, 한국철학)   허남진(서울대 교수, 한국철학)
         이남인(서울대 교수, 서양철학)   한자경(이화여대 교수, 서양철학)

들어가는 말

우리는 왜 공부를 할까? 어른들은 왜 우리에게 "먼저 인간이 되라."라고 말씀하실까? 사람은 왜 사는 것일까?

청소년기에 들어서면 한 번쯤 던져 보는 질문들이다. 그런데 이러한 질문은 오늘을 살고 있는 청소년들만의 것은 아니다. 인류가 이 세상에 살기 시작한 아주 먼 옛날부터 인간은 이런 질문을 계속 던져 왔다. 그리고 그 질문에 많은 사람이 나름대로 답을 해 왔다.

예를 들어 공자는 어진 사람이 되기 위해 산다고 했고, 석가모니는 세상의 모든 고통에서 벗어나 해탈하기 위해서 산다고 했다. 또한 예수는 하느님과 이웃을 사랑하기 위해 산다고 했다.

그렇다면 고대 그리스의 철학자 아리스토텔레스는 뭐라고 했을까? 그는 인간은 행복해지기 위해 산다고 대답했다. 라파엘로가 그린 〈아테네 학당〉이라는 그림을 보면 플라톤과 아리스토텔레스가 나오는데, 여기서 플라톤은 오른손 손가락으로 하늘을 가리키고 있다. 그리고 그의 왼손에는 《티마이오스》라는 책이 들려 있다. 이와 달리 아리스토텔레스는 오른손 손가락으로 땅을 가리키고 있다. 그리고 그의 왼손에는 《에티카》라는 책이 들려 있다. 그렇다면 이 그림은 무엇을 말하고 있는 것일까?

플라톤이 들고 있는 《티마이오스》는 자연에 관한 책이고, 아리스토텔레스가 들고 있는 《에티카》는 인간에 관한 책이다. 또한 플라톤은 정열의 색인 붉은색 옷을 입고 있으며, 아리스토텔레스는 중재와 평정의 색인 청색 옷을 입고 있다. 즉, 이 그림은 이상을 추구했던 플라톤과 현실을 중시했던 아리스토텔레스의 사상의 차이를 잘 보여 주는 작품인 것이다.

그렇다면 인간은 어떻게 해야 행복해질 수 있을까? 《니코마코스 윤리학》은 이 물음에 대해 탐구한다. 아리스토텔레스는 자신의 아들 니코마코스에게 강의하는 형식을 빌어, 행복해지기 위해서는 어떤 덕목이 필요하고 어떻게 행동해야 하는지를 가르쳐 주고 있다. 그런데 그 가르침은 옛날 그리스의 니코마코스뿐만 아니라 행복한 삶을 바라는 오늘날의 청소년들, 나아가 모든 사람들에게도 여전히 의미가 있다.

이 책을 풀어쓰면서 《니코마코스 윤리학》의 많은 내용 가운데 아리스토텔레스를 이해하는 데 가장 중요한 세 가지 물음에 초점을 맞추려고 노력했다. 첫째, 행복이란 무엇인가, 둘째, 행복해지려면 어떻게 행동해야 하는가, 셋째, 행복과 관련된 도덕적인 덕, 즉 품성의 덕은 무엇인가이다. 덕, 지혜, 용기, 절제, 정의, 우애 등에 대한 아리스토텔레스의 설명을 읽다 보면, 어느덧 우리는 우리 자신이 추구하고 있는 행복의 진정한 의미를 향해 한 걸음 더 다가가고 있음을 느낄 것이다.

끝으로 《니코마코스 윤리학》은 원래 강의용으로 쓰여진 책이라 내용상 논리적으로 잘 이어지지 않는 부분들이 있다. 따라서 부분적인 문장에 매달리기보다 전체적인 흐름을 따라가면서 읽기를 바란다.

2005년 8월
홍석영

1. 이 책은 Aristoteles, 《Nikomachische Ethik》(Hamburg: Felix Meiner Verlag, 1972)를 주된 텍스트로 사용하였고, 국내 번역본 중에서는 《니코마코스 윤리학》(최명관 옮김, 서광사, 2003)을 참고하였다.
2. 《니코마코스 윤리학》은 원래 10권으로 되어 있으나, 청소년들에게 도움이 될 만한 내용을 중심으로 6부로 재구성했다. 그리고 주제에 따라서 내용과 순서를 일부 바꾸었다.
3. 내용을 쉽게 이해할 수 있도록 각 부와 각 장 앞에 내용을 요약해 놓았다.

1부

행복에 대하여

우리가 모든 일의 목적으로 삼는 것, 무슨 일을 하든지 그것 때문에 선택하는 것, 바로 그것을 '선(좋은 것)'이라고 할 수 있다. 그럼 우리가 추구하는 것이 어떤 선을 목적으로 한다면, 그 모든 선 가운데 최고의 선은 무엇인가? 이 물음에 대한 사람들의 대답은 대개 비슷하다. 즉, 보통 사람이나 교양 있는 사람이나 모두 '행복'을 최고의 선이라고 대답한다.

1부_ 행복에 대하여

1. 최고의 선

우리는 무엇을 위해 살까? 이 물음에 대해 사람들은 다양한 대답을 내놓는다. 그러나 자세히 살펴보면 그 대답들은 모두 '행복'으로 모아진다. 행복은 우리가 삶에서 추구하는 것 가운데 가장 좋은 것, 즉 최고의 선이다. 어떤 사람도 불행해지기를 원하지 않기 때문이다.

그렇다면 행복이란 무엇일까? 사람마다 추구하는 행복은 서로 다르고, 때로는 같은 사람도 경우에 따라 서로 다른 것을 행복이라고 생각한다. 행복이 무엇인지 알기 위해 아리스토텔레스는 인간에게 고유한 일과 기능이 무엇인지를 먼저 살펴보아야 한다고 말한다. 그런 다음 살아가면서 자신에게 고유한 일, 자기에게 어울리는 일을 탁월하게, '매우 잘' 수행할 때 사람은 가장 행복해지며, 그런 행복은 생애 전체에 걸쳐 완전한 덕을 성취함으로써 이루어질 수 있다고 주장한다. 그래서 아리스토텔레스는 인간만의 고유한 기능인 '정신의 덕이 있는 활동'을 행복이라고 규정하고, 행복한 사람은 어떤 상태에 있는가를 탐구한다.

사람들이 찾는 최고의 선은 무엇인가?

어떤 탐구를 하거나 행동을 할 때, 우리는 무엇을 목표로 할까? 아마도 무엇인가 좋은 것, 즉 선(善)을 목표로 할 것이다. 우리가 하는 모든 행동과 선택은 어떤 '좋은 것(선)'을 목표로 한다. 바꿔 말하면 좋은 것은 우리 모두가 목적으로 삼는 것이다.

그런데 이런 여러 목표들 사이에는 차이가 있다. 어떤 경우는 활동 자체가 목적이 되고, 또 어떤 경우는 활동 자체가 아니라 그 결과로 생기는 것이 목적이 된다. 그런데 이런 활동이나 기술 및 학문의 종류는 너무나 다양하기 때문에 그 목적 또한 여러 가지다. 예를 들어 의학의 목적은 건강이고, 병법의 목적은 승리이며, 경제의 목적은 돈을 버는 것이다. 그리고 서로 관련 있는 몇 가지 활동 가운데 으뜸이 되는 활동의 목적이 다른 종속적인 활동의 목적보다 중요하다. 예를 들어 말의 고삐나 말에 쓰이는 도구의 제작 기술은 말을 잘 타는 기술에 종속되며, 말을 잘 타는 기술이나 모든 군사 행동의 목적은 병법의 목적인 승리에 종속된다.

따라서 우리가 모든 일의 목적으로 삼는 것, 무슨 일을 하든지 그것 때문에 선택하는 것, 바로 그것을 '선(좋은 것)'이라고 할 수 있다. 그럼 우리가 추구하는 것이 어떤 선을 목적으로 한다면, 그 모든 선 가운데 최고의 선은 무엇인가? 이 물음에 대한 사람들의 대답은 대개 비슷하다. 즉, 보통 사람이나 교양 있는 사람이나 모두 '행복'을 최고의 선이라고 대답한다.

그러나 무엇이 진정한 행복인가에 대해서는 사람마다 생각이 다르다. 때로는 같은 사람도 때와 장소에 따라 다르게 생각하기도 한다. 예를 들어 몸이 아플 때는 건강한 것을 행복이라고 생각하지만, 가난할 때는 부유함을 행복이라 생각한다.

자, 이제 최고의 선이 무엇인가에 대해 좀 더 자세히 살펴보자. 사람들의 생활 모습은 크게 다음 세 가지로 나누어진다. 첫째는 향락적 생활로서, 쾌락을 행복이라 여기는 삶이다. 이는 동물적인 생활로 많은 사람들이 선택하는 삶의 모습이다. 둘째는 정치적 생활로서, 명예로운 삶을 행복이라 여기는 삶이다. 이 생활은 교양 있고 활동적인 사람들이 추구하는 삶의 모습이다. 셋째는 관조적 생활로서, 명상하고 깊이 생각하는 삶이다. 이것은 신의 활동과 가장 많이 닮은 이성적 생활로, 진리를 탐구하는 삶의 모습이다.

이러한 생활 모습 가운데 어느 것이 최고의 선인 행복과 관계있을까? 대답은 매우 분명하다. 향락적 생활은 동물과 비슷한 생활이므로 절대 최고의 선이라고 할 수 없다. 정치적 생활이 추구하는 명예도 우리가 추구하는 최고의 선은 아니다. 왜냐하면 선은 자신의 행동에 따라 주어지는 고유한 것인데, 명예는 그것을 내려주는 사람에 따라 달라지기 때문이다. 또한 사람들은 그 명예를 통해 자신이 선하다는 것을 보여 주려 하기 때문이다.

그 밖에 돈을 버는 생활은 어쩔 수 없이 하게 되는 것이다. 돈은 단지 유용하고 다른 어떤 것을 추구하는 데 필요한 것일 뿐이지, 그 자체가 목적이 될 수는 없다. 그러므로 부유함도 역시 우리가 구하고자 하는 최고의 선은 아니다. 그렇다면 세 번째의 관조적 생활이 최고의 선일까?

이 문제를 좀 더 명확하게 해 보자. 삶의 목적은 여러 가지가 있다. 이 목적들 가운데 어떤 것은 다른 목적을 이루기 위한 것이기 때문에, 모든 목적이 똑같이 궁극적인 것은 아니다. 그런데 최고의 선은 확실하게 궁극적인 목적이다. 따라서 오직 하나의 궁극적인 목적이 있다면, 이것이야말로 우리가 찾는 바로 그것이다. 왜냐하면 다른 것을 위해서 추구되는 것보다 그 자체가 목적으로 추구되는 것이 더 궁극적이기 때문이다. 그리고 여기에 해당되는 것이 바로 행복이다. 우리는 언제나 행복을 목적 그 자체로서 추구할 뿐, 다른 어떤 것 때문에 추구하지는 않는다.

이것은 또한 자족(自足), 즉 스스로 만족한다는 관점에서 보더라도 같은 결론이 나온다. 궁극적인 선은 자족적이다. 여기서 자족이란 어떤 한 개인, 즉 고립된 생활을 하는 한 사람만을 만족시키는 것이 아니라, 부모와 자녀, 아내, 친구, 나아가 동포들까지도 만족시켜야 한다는 것을 의미한다. 왜냐하면 인간은 본래 사회적 존재로 태어나기 때문이다.

또 자족이란 아무런 부족함 없이 그것만으로도 생활을 바람직하게 할 수 있는 것을 말한다. 그렇다면 행복이야말로 바로 이런 것이다.

행복은 모든 것 가운데 가장 바람직한 것이요, 다른 여러 가지 선들의 한가운데에 있는 것이다. 따라서 행복은 궁극적이고 자족적이며, 다른 모든 행동의 목적이라 할 수 있다.

행복이란 무엇일까?

행복이 최고의 선이라는 것은 누구나 다 아는 이야기다. 그러나 행복에 대해 좀 더 살펴볼 필요가 있는데, 그러기 위해서는 먼저 인간의 기능에 대해 알아야 한다. 예를 들어 조각가의 경우에, 좋은 조각가란 조각가의 기능을 잘 수행하는 사람, 즉 조각을 잘하는 사람을 의미한다. 따라서 조각가의 선은 조각을 잘하는 것이다. 피리 부는 사람의 경우도 이와 같다. 즉, 피리를 잘 부는 사람이 좋은 피리 연주자이다. 결국 '좋은 것'이나 '잘한다는 것'은 이렇게 기능과 관련이 있다.

그렇다면 사람의 경우는 어떨까? 만약 사람에게도 고유한 기능이 있다면, 이와 마찬가지일 것이다. 조각가나 피리 부는 사람에게도 어떤 기능이나 활동이 있는데, 인간 그 자체에 아무런 기능이 없다고 할 수는 없다. 눈이나 손, 발, 그리고 일반적으로 신체의 각 부분에 각각의 기능이 있듯이, 인간도 이 모든 것 외의 다른 어떤 기능을 가지고 있을 것이다. 그렇다면 그 기능은 무엇일까?

인간이 지니고 있는 기능은 다음 세 가지로 나누어 볼 수 있다. 첫째는 영양 섭취와 같이 생존에 꼭 필요한 생명의 기능이다. 둘째는 감각과 운동의 기능이며, 셋째는 정신의 이성적 활동 기능이다.

이 가운데 생명의 기능은 식물에도 있다. 또한 감각과 운동의 기능은 소나 말과 같은 동물에게도 있다. 따라서 우리가 지금 찾고 있는 사람만이 지닌 특별한 기능은 정신의 이성적 활동 기능이다. 그러므로 인간의 기능을 훌륭하게 수행한다는 것은 바로 이 이성적 활동을 잘 수행한다는 것이다. 그런데 사람의 이성적 활동은 그 활동에 알맞는 행위의 규범, 즉 덕을 가지고 수행할 때 보다 잘할 수 있다. 따라서 선이란 덕과 일치하는 정신의 활동이라고 하겠다.

그런데 우리 모두가 이성적 활동 능력을 가지고 있다고 해서 모두 똑같이 그 능력을 잘 발휘하는 것은 아니다. 똑같은 피리 연주자라도 피리 연주를 잘하는 사람이 있고 못하는 사람이 있는 것처럼, 이성적 활동도 사람에 따라 정도의 차이가 있게 마련이다. 그러므로 참된 행복은 이성을 아주 잘 실현할 때 이루어진다.

뿐만 아니라 이성을 잘 실현하는 활동은 한 번에 그치는 것이 아니라 평생에 걸쳐 이루어져야 한다. 제비 한 마리가 날아왔다고 봄이 오는 것이 아니듯, 또한 하루아침에 여름이 되는 것이 아니듯 인간이 참으로 행복해지는 것도 하루나 이틀 사이에 이루어지는 것이 아니다.

그런데 행복에는 외부적인 여러 가지 선도 필요하다. 왜냐하면 적당한 수단이 없으면 고귀한 행위를 할 수 없거나, 또는 할 수 있다 해도 쉽게 할 수 없기 때문이다. 많은 경우 우리는 친구나 재물, 정치적 권력 등을 수단으로 사용한다. 그리고 좋은 가문, 착한 자녀, 아름다운 외모 등을 갖추고 있으면 더 좋을 수도 있다. 얼굴이 아주 못생겼거나, 가난한 집에 태어났거나, 외롭고 자식이 없는 사람은 행복해지기가 쉽지 않다. 또한 아주 못된 자식이나 친구를 가진 사람, 좋은 자녀나 친구와 헤어진 사람도 행복해지기가 쉽지 않다.

그러므로 행복은 이런 종류의 조건들과도 관련이 있다. 그런 까닭에 어떤 사람들은 행복을 덕이 아닌 행운과 같은 것이라고 생각하기도 한다.

행복은 어떻게 얻을 수 있을까?

그렇다면 행복은 학습이나 습관, 또는 다른 어떤 훈련을 통해 얻어지는 것일까, 아니면 신의 섭리에 의해 또는 우연히 생기는 것일까? 이 물음에 대한 대답은 행복의 정의(定義)를 살펴보면 분명해진다. 앞에서 행복을 덕이 있는 정신의 활동이라고 말한 바 있다. 그러므로 소나 말과 같은 동물을 보고 행복하다고 말하지 않는다. 동물들은 정신적인 활동을 할 수 없기 때문이다. 또 어린아이도 행복하다고 할 수 없다. 그들은 어려서 아직 정신적인 활동을 할 수 없기 때문이다. 행복하다는 말을 듣는 어린아이는 그 아이가 그렇게 되었으면 하는 우리의 소망 때문에 그런 말을 듣는 것일 뿐이다.

행복은 자신의 삶 전체에 걸쳐 완전한 덕을 실천함으로써 비로소 얻게 되는 것이다. 사람은 일생을 사는 동안 여러 가지 변화를 겪고, 또 온갖 우연한 일에 부딪히게 된다. 트로이(Troy)의 마지막 임금인 프리아모스(Priamos)처럼 최고의 행운 속에서 살다가 노년에 뜻밖의 큰 불운을 맞아 비참하게 죽은 사람에게는 아무도 행복하다고 하지 않는다.

그렇다면 아무도 살아 있는 동안에는 행복하다고 할 수 없는 것일까? 솔론(Solon, 고대 그리스의 정치가이자 시인)의 말처럼 "최후를 보아야만" 비로소 행복에 대해 말할 수 있는 것일까? 아니, 그렇지 않다. 만일 행운과 불운의 변화에만 기준을 둔다면, 같은 사람도 어떤 때는 행복하고 어떤 때는 불행할 것이다. 그렇다면 행복한 사람을 '카멜레온처럼 잘 변하고, 밑바탕이 튼튼하지 못한' 사람이라고 불러야 할지도 모른다.

그런데 운수를 따져서 그 사람이 행복한지 아닌지를 결정하는 것은 아주 잘못된 일이다. 인생의 성공이나 실패는 운수에 달려 있는 것이 아니기 때문이다. 운수는 한낱 부수적인 것일 뿐이다. 반면에 덕이 있는 활동이 행복을 완성한다.

인간의 기능 가운데 덕이 있는 활동만큼 영원한 것은 없다. 행복한 사람들은 생활 속에서 가장 적극적으로, 또 꾸준히 덕이 있는 활동을 한다. 그들은 언제나 덕이 있는 행동과 사색에 몰두할 것이며, 시모니데스(Simonides, 고대 그리스의 서정 시인)의 말처럼 "참으로 선하며 나무랄 데 없이 곧으면" 인생의 여러 가지 변화를 아주 고상하고 품위 있게 이겨 낼 것이다. 그리하여 그들은 일생 동안 행복할 것이다.

그런데 삶의 과정에서는 많은 사건이 우연히 일어나며, 그 사건들의 중요성에 따라 여러 가지 차이가 생긴다. 물론 이 몇몇 사건으로 생겨나는 행운과 불운이 결정적인 힘을 지니진 않지만, 삶에서 중요한 사건들이 좋은 방향으로 전개되면 더욱 행복해질 것은 당연하다. 반대로 큰 사건들이 나쁜 방향으로 전개되면 고통을 당하고 결국은 불행해질 수도 있다. 하지만 정신의 고귀함과 위대함으로 모든 불행을 견뎌 낸다면, 불행 속에서도 고귀한 성품은 내내 밝은 빛을 발할 것이다.

따라서 행복한 사람 가운데 비참해질 사람은 한 사람도 없다. 왜냐하면 행복한 사람은 가증스럽거나 비열한 행위를 절대로 하지 않기 때문이다. 선하고 현명한 사람은 인생의 모든 변화를 훌륭하게 겪어 나가며, 또 언제나 자신의 처지를 가장 잘 이용한다. 마치 훌륭한 장군이 자신이 지휘하는 부대를 군사적으로 가장 잘 활용하고, 신발을 아주 잘 만드는 훌륭한 제화공이 자신이 갖고 있는 가죽으로 가장 좋은 신발을 만드는 것처럼 말이다. 물론 프리아모스와 같은 경우를 당하면 최고의 행복에는 이르지 못하겠지만, 그렇다고 아주 비참해지지도 않는다.

또한 행복한 사람은 쉽게 변하지 않는다. 불운 때문에 쉽게 불행에 빠지지도 않는다. 다만 아주 큰 불운이 이어질 때만 불행하게 될 수 있다. 그리고 그런 큰 불운을 당한다 해도, 짧은 시간에 행복을 되찾을 수는 없겠지만, 오랜 세월을 두고 꾸준히 힘써 빛나는 성공을 거둘 수 있다.

미래란 확실치 않은 것인데, 우리는 행복이 하나의 목적, 모든 점에서 궁극적인 목적이라고 주장하고 있다. 그렇다면 잠깐 동안이 아니라 일생을 통해 완전한 덕을 지키며 활동하고, 동시에 외부적인 여러 가지 선도 지닌 사람은 행복하다고 할 수 있다. 우리는 살아 있는 사람 가운데 그러한 조건들을 갖추고, 또 앞으로도 갖추게 될 사람을 행복하다고 해야 할 것이다.

2. 덕

 행복이 완전한 덕에 따른 활동이라면, 이제 덕의 본성이 무엇인지 알아보아야
한다. 그래야 행복에 대해 더욱 잘 알 수 있기 때문이다. 여기서 우리가 살펴볼
덕은 '인간의 덕'이다. 인간의 덕이란 신체의 덕이 아니라 '정신의 덕'을 의미한다.
정신의 덕은 '지적인 덕'과 '도덕적인 덕'으로 구분된다. 철학적 지혜나 이해력은
지적인 덕이고, 너그러움이나 절제는 도덕적인 덕이다.
 그러면 덕이 있는 사람이 되기 위해서는 어떻게 해야 할까? 아리스토텔레스는
덕이 있는 사람이 되려면 정념, 즉 감정을 잘 다스리고 관리해야 한다고 말한다.
정념이 넘치거나 모자라지 않는 중간 상태를 유지해야 한다는 말이다. 여기서 말
하는 중간은 수학에서 말하는 평균과 같은 것이 아니다. '마땅한 때에, 마땅한 일
에 대하여, 마땅한 동기로, 그리고 마땅한 태도로 행동하는 것'이 바로 중간 상태
인 것이다. 이것이 바로 중용이며, 또한 참된 덕이다.

덕은 어떻게 얻을 수 있는가?

덕이란 우리가 어떤 행위를 할 때 마땅히 지켜야 하는 규범이다.
그런데 덕에는 지적인 덕과 도덕적인 덕, 두 종류가 있다. 지적인 덕
은 대체로 교육에 의해 생기고 발전하며, 많은 경험과 시간을 필요
로 한다. 반면에 도덕적인 덕은 습관의 결과로 생긴다. 사실 도덕 또
는 윤리로 번역되는 그리스어 '에티케'는 습관을 의미하는 '에토스'란
말을 조금 고쳐서 만든 것이다. 도덕적인 덕은 본성에 의해 저절로

생기지 않는다. 만약 본성에 따라 생기는 것이라면, 그것과 반대되는 습관은 아예 생기지 않을 것이기 때문이다. 예를 들어, 돌은 본성적으로 아래로 떨어지도록 되어 있기 때문에 위로 움직이는 습관을 들이려고 천 번, 만 번 위로 던져도 계속 아래로 떨어진다. 마찬가지로 불 또한 아래로 타게 할 수는 없다.

사람 또한 본성적으로 생겨나는 모든 것에서 먼저 능력을 얻고, 다음에 그 능력을 가지고 활동을 한다. 예를 들어 감각에 대해 생각해 보자. 시각이나 청각은 우리가 자주 보고 들어서 생긴 것이 아니라, 그전부터 이미 있었던 감각이다.

그러나 도덕적인 덕은 본성적으로 생기는 것도 아니고, 본성과 반대로 생기는 것도 아니다. 오히려 우리가 본성적으로 그것을 받아들이고 습관을 통해 완전하게 얻는 것이다. 즉, 덕은 먼저 실천해 보고 나서 비로소 배워 알게 된다.

집을 지어 봐야 건축가가 될 수 있고, 거문고를 타 봐야 거문고 타는 악사가 될 수 있는 것처럼, 옳은 행위를 해 봐야 올바르게 되고 절제 있는 행위를 해 봐야 절제 있게 되며 용감한 행위를 해 봐야 용감하게 되는 것이다.

또 덕은 같은 원인과 수단에 의해 생기기도 하고 없어지기도 한다. 거문고를 잘 타는 사람이나 서투르게 타는 사람이나 결국 거문고를 연주해 봐야 잘 타는지 서투른지를 알게 된다. 건축가의 경우에도 마찬가지로 집을 잘 지었거나 잘못 지은 결과에 따라 좋은 건축가 또는 서투른 건축가가 된다. 만약 그렇지 않다면 모든 사람은 태어나면서부터 자신의 기술에 익숙하거나 서툴러서 가르치는 사람이 아예 필요 없을 것이다. 덕도 마찬가지다. 다른 사람과 어울릴 때의 행동을 통해 올바른 사람이 되거나 옳지 못한 사람이 된다. 그리고 위험에 부딪혔을 때 드러나는 무서워하거나 태연해하는 행동을 통해 겁쟁이가 되거나 용감한 사람이 된다.

욕망이나 노여움의 경우도 마찬가지다. 자기가 당한 처지에서 어떻게 행동하는가에 따라 절제 있고 온화한 사람이 되기도 하고, 방종하고 성질이 급한 사람이 되기도 한다. 그러므로 성품은 각각 거기에 대응하는 활동에서 생긴다고 할 수 있다.

이렇게 보면, 우리가 아주 어렸을 때부터 어떠한 습관을 가졌는가가 매우 중요해진다. 삶의 차이는 모두 거기에서 나오기 때문이다. 그러므로 기쁨을 느껴야 할 때에 마땅히 기쁨을 느끼고, 괴로워해야 할 때에 마땅히 괴로워할 줄 알도록 아주 어릴 때부터 교육을 받아야 한다.

또 도덕적 덕은 쾌락이나 고통과 관계가 있다. 우리가 나쁜 일을 하는 것은 그것이 주는 쾌락 때문이고, 고귀한 일을 멀리하는 것은 고귀한 일을 행할 때 따르는 고통 때문이다. 이것은 벌을 줄 때 가끔 고통을 주는 방법을 사용하는 것을 봐도 알 수 있다. 왜냐하면 벌이란 일종의 (잘못된 행위에 대한) 치료인데, 치료란 원래 반대되는 것을 통해 이루어지기 때문이다. 따라서 "도덕적인 덕은 쾌락과 고통에 관하여 최선의 행위를 하는 것이고, 악덕은 이와 반대다."라는 말이 있게 된 것이다.

사람들은 주로 고귀한 것, 유익한 것, 유쾌한 것을 택하고, 이와 반대인 것들, 즉 비열한 것, 해가 되는 것, 고통스러운 것을 피한다. 이 모든 것에서 선한 사람은 올바른 길을 택하고 악한 사람은 그릇된 길을 택하는데, 쾌락에서 더욱 그렇다. 왜냐하면 쾌락은 모든 동물에게 공통된 것이며, 우리가 선택하는 모든 일에 따라다니기 때문이다. 또한 쾌락은 누구에게나 어려서부터 함께 자라 온 것이다.

이런 까닭에 우리 생활에 스며든 쾌락을 떼어 버리는 것은 쉽지 않다. 쾌락과 싸우는 것은 헤라클레이토스(Heracleitos, 고대 그리스의 철학자)가 말했던 "노여움과 싸우는 것"보다 더 힘들다. 그런데 공부나 덕은 언제나 더 힘든 것과 관계가 있다. 좋은 것은 힘들게 얻을수록 더 좋은 것이 된다.

지금까지 살펴본 것처럼 덕은 쾌락이나 고통과 관계가 있다. 쾌락과 고통을 잘 처리하는 사람은 선한 사람, 즉 덕이 있는 사람이 되고, 잘 처리하지 못하는 사람은 악한 사람, 즉 덕이 없는 사람이 된다.

도덕적인 덕의 특징은 무엇일까?

이제 덕이 무엇인지 좀 더 자세히 살펴보자. 정신 속에 생기는 것은 정념(情念), 능력, 성품 세 가지다. 따라서 덕은 이 셋 가운데 어느 하나와 관련된다.

정념이란 욕망, 분노, 공포, 태연함, 질투, 환희, 사랑, 증오, 동경, 경쟁심, 연민 등 쾌락 또는 고통이 따르는 감정들이다. 능력이란 우리가 이런 여러 가지 감정을 느낄 수 있는 것, 즉 노여워하거나 괴로워하거나 불쌍히 여기는 것이다. 성품은 정념에 대해 잘 처신하거나 잘못 처신하게 해 주는 것이다. 즉, 정념에 대해 어떻게 행동하느냐에 따라 성품이 정해진다.

예를 들어 분노와 관련해서 너무 격렬하게 화를 내거나, 반대로 너무 약하게 화를 내면 우리는 잘못 처신하는 것으로, 이것은 성품이 좋지 못한 것이다. 그러나 적절하게 화를 내면 잘 처신한 것으로, 이것은 성품이 좋은 것이다. 다른 정념에서도 마찬가지다.

그런데 정념은 덕도 악덕도 아니다. 왜냐하면 우리는 우리의 정념에 따라 선하거나 악하다는 말을 듣는 것이 아니기 때문이다. 뿐만 아니라 우리는 정념 때문에 칭찬이나 비난을 받지도 않는다. 즉, 공포나 분노를 느낀다고 해서 칭찬이나 비난을 받지는 않는다는 말이다. 오히려 공포나 분노를 어떤 방식으로 느끼는가가 중요하다. 즉, 우리는 정념이 아닌 덕과 악덕 때문에 칭찬이나 비난을 받는다.

또 우리가 노여워하거나 무서워하겠다고 선택해서 이런 감정이 생기는 것도 아니다. 오히려 선택은 덕과 관련이 있다. 흔히 정념에 관해 말할 때는 마음이 움직인다고 하지만, 덕에 관해 말할 때는 마음이 어떤 자세에 있다고 말한다. 따라서 덕은 마음의 능력도 아니다. 어떤 감정을 느끼는 능력이 있다고 해서 선하거나 악한 것은 아니며, 칭찬이나 비난을 받는 것도 아니기 때문이다. 또 이런 능력을 갖는 것은 본성에 따른 것이지만, 선한 사람이나 악한 사람이 되는 것은 본성에 따른 것이 아니다. 따라서 덕이 정념이나 능력이 아니라면, 그것은 결국 성품일 수밖에 없다.

그렇다면 덕은 어떤 상태의 성품인가? 덕은 그것이 있으면 좋은 상태에 이르게 되고, 그것의 기능을 잘 발휘할 수 있게 해 주는 것이다. 예를 들면, 눈의 덕은 눈과 눈의 기능을 좋게 한다. 눈의 덕을 통해 우리는 잘 볼 수 있다. 마찬가지로 말의 덕은 그 말을 좋은 말이 되게 하여 잘 달리게 하고, 말 탄 사람을 잘 지켜 주며, 적의 공격에 잘 대비하게 한다. 그러므로 인간의 덕은 인간을 선하게 하며, 인간의 일을 잘하게 해 주는 성품이다.

중용은 어떤 상태인가?

도덕적인 덕이 정확하고 좋은 것이 되려면 중간을 목표로 삼아야 한다. 정념에는 지나침과 모자람, 그리고 중간이 있다. 예를 들어 공포나 분노, 쾌락이나 고통은 너무 많이 또는 너무 적게 느껴질 수 있는데, 그 어느 경우도 좋은 것이 못 된다. 마땅한 때에, 마땅한 일에, 마땅한 사람들에게, 마땅한 동기로, 그리고 마땅한 태도로 이런 것을 느끼는 것이 중간이고 동시에 최선이다. 이것이 곧 덕의 특징이다.

마찬가지로 행동에도 지나침과 모자람, 그리고 중간이 있다. 여기서도 지나침이나 모자람은 일종의 실패이고, 중간은 칭찬받는 것으로 일종의 성공이다. 칭찬받는 것과 성공하는 것은 둘 다 덕의 특징이다. 과녁을 빗나가기는 쉽지만 명중하기는 어렵듯이, 실패는 여러 방면에서 가능하고 성공은 오직 한 방면에서만 가능하다. 그래서 예로부터 사람들은 "선하게 되는 길은 오직 하나요, 악하게 되는 길은 여럿이다."라고 하였다.

덕은 중용이다. 지나침과 모자람은 악덕의 특징이고, 중용은 덕의 특징이다. 그러므로 덕은 중용을 택하여 행동하는 성품이다. 그것은 두 악덕, 즉 지나침으로 말미암은 악덕과 모자람으로 말미암은 악덕 사이의 중간이다. 악덕이 정념과 행동에서 옳은 것에 미치지 못하거나 지나친 데 비해, 덕은 중간의 것을 발견하고 선택한다.

그러나 모든 행동과 정념에 중용이 있는 것은 아니다. 어떤 것은 이미 그 자체로 좋은 것이 아니라는 사실이 드러난다. 예를 들어 정념의 경우 악의, 파렴치, 질투 등은 이미 좋은 것이 아니다. 행동의 경우에도 간음, 절도, 살인 등은 이미 좋은 것이 아니다. 이것들은 이미 그 자체로 나쁜 것임을 드러낸다. 따라서 이것들의 지나침이나 모자람이 나쁘다고 이야기되는 것이 아니라, 이것들 자체가 나쁘다고 이야기된다.

이것들은 언제나 그릇된 것이다. 마땅한 때에, 마땅한 방법으로 도둑질을 한다고 해서 좋은 것이 될 수는 없다. 도둑질은 어느 경우에나 무조건 나쁜 짓이다. 마찬가지로 정의롭지 못한 행위나 비겁한 행위, 방탕한 행위에 대해서도 중용과 지나침과 모자람이 있을 것이라고 기대하는 것은 어리석은 일이다.

구체적인 상황에서 중용은 어떤 모습일까?

이제 좀 더 구체적인 상황에서 중용은 어떤 모습인가에 대해 살펴보자. 왜냐하면 인간의 행위는 구체적인 경우에 따라 다르며, 중용에 대한 우리의 논의도 구체적인 경우와 서로 맞아 떨어져야 하기 때문이다. 두려움이나 태연함의 중용은 용기다. 이 경우에 모자람은 무모함이며 지나침은 비겁함이다. 쾌락이나 고통의 중용은 절제이며, 그 지나침은 방종이나 방탕이다. 쾌락에 있어서 모자란 사람은 흔치 않아서 그런 사람에 대한 명칭은 없지만, 굳이 표현하자면 무감각한 사람이라 할 수 있다.

금전 관계에서의 중용은 관후(寬厚, 너그럽고 후함)이며, 지나침은 방탕이나 낭비이고, 모자람은 인색이다. 명예나 불명예의 중용은 긍지이고, 지나침은 오만함이나 허영이며, 모자람은 비굴함이다.

노여움에도 지나침과 모자람과 중용이 있는데, 이에 해당하는 적당한 명칭은 없지만 중용인 사람을 온화한 사람이라고 할 수 있으므로 노여움의 중용은 온화함이다. 여기서 지나친 쪽에 가까운 사람은 성급한 사람이며, 그 악덕은 성급함이다. 그리고 모자란 쪽의 사람은 화낼 줄 모르는 사람, 또는 무기력한 사람이며 그 모자람은 무성미, 즉 성질이 없는 것이다.

이 밖에 비슷하긴 하지만 약간 다른 세 가지 중용이 있다. 이것들은 모두 말과 행동으로 나타나는 사람 사이의 교제와 관계가 있는데, 그 하나는 진리와 관계가 있고 다른 두 가지는 유쾌함과 관계가 있다. 먼저 진리와 관련해서 말하자면, 그것의 중용은 진실이다. 한편 큰소리만 치는 것은 허풍이며, 또 지나치게 말이 적은 것은 거짓 겸손이다.

유쾌함과 관계있는 것에는 두 가지가 있다. 그 가운데 하나는 재치와 관련된 것으로 중용을 유지하는 사람은 재치 있는 사람이고, 그 중용은 재치라고 할 수 있다. 반면 그 지나침은 익살이요, 익살을 잘하는 사람은 익살꾼이다. 그리고 이것이 모자란 사람은 무뚝뚝한 사람이요, 그 상태는 무뚝뚝함이다.

나머지 하나는 친절과 관련된 것으로, 올바른 방식으로 유쾌한 사람은 친절한 사람이요, 그 중용은 친절함이다. 이와 달리 아무 목적 없이 지나치게 친절한 사람은 비굴한 사람이고, 자기 자신의 이익을 위해 그렇게 행동하는 사람은 아첨꾼이다. 그리고 친절함이 모자라 어떤 상황에서나 불쾌한 사람은 심술쟁이요 싸움꾼이다.

이렇게 살펴본 것들을 세 가지 태도로 정리할 수 있다. 그 가운데 둘은 악덕으로 각각 지나침과 모자람에서 생겨나며, 다른 하나는 덕으로 곧 중용이다. 이 세 가지는 서로 대립한다. 즉, 양 극단은 모두 중간 것에 대립하며, 동시에 저희끼리도 대립한다. 또 중간 것은 두 극단에 대립한다.

좀 더 자세히 말하면, 중간 것은 작은 것보다는 크고 큰 것보다는 작기 때문에, 모자란 것에 비해서는 지나치며 지나친 것에 비해서는 모자란다. 그래서 용감한 사람은 비겁한 사람에 비하면 무모해 보이고, 무모한 사람에 비하면 비겁해 보인다. 마찬가지로 절제하는 사람도 무감각한 사람에 비하면 방종해 보이고 방종한 사람에 비하면 무감각해 보인다. 또 관후한 사람은 인색한 사람에 비하면 돈을 마구 쓰는 것같이 보이고, 돈을 마구 쓰는 사람에 비하면 인색해 보인다.

그러므로 양쪽 끝에 있는 사람 또한 중간에 있는 사람을 각기 자기와 반대되는 쪽으로 몰아넣어 버린다. 그래서 비겁한 사람은 용감한 사람을 보고 '무모하다'라고 하고, 무모한 사람은 용감한 사람을 보고 '비겁하다'라고 말한다. 다른 경우에도 이와 마찬가지다.

이렇게 서로 대립하는 상태에서, 가장 큰 대립은 양 극단 사이의 대립이다. 왜냐하면 양 끝의 거리가 중간과의 거리보다 더 멀기 때문이다. 이것은 '대'에서 '소'까지의 거리가 '대'에서 '중', '소'에서 '중'까지의 거리보다 먼 것과 같다.

하지만 어떤 경우에는 양 끝 가운데 한쪽이 중간과 비슷해 보일 때도 있다. 예를 들면 무모함이 용기와 비슷해 보이기도 하고, 낭비함이 관후와 비슷해 보이기도 한다. 그러나 양 끝은 언제나 둘 중 하나와 가장 크게 다르다. 즉, 거리가 멀수록 더욱 반대가 된다.

한편 중용은 어떤 경우에는 모자람과, 어떤 경우에는 지나침과 더 대립한다. 예를 들면 용기는 그것의 지나침인 무모함이 아니라, 모자람인 비겁함과 더 대립한다. 무모함이 비겁함보다 용기와 좀 더 비슷하기 때문이다. 또 절제는 그것의 모자람인 무감각이 아니라, 지나침인 방종과 더 대립한다. 사람의 본성은 단정함보다는 방종 쪽으로 기울어지기가 더 쉽기 때문이다. 다시 말해 우리가 더 빠지기 쉬운 것을 중용에 대한 반대로 여긴다면, 절제의 반대는 그것의 지나침인 방종이 된다.

✤ 중용이 무엇인지를 정확히 이해하도록 하기 위해 아리스토텔레스는 각각의 개별적인 경우에 있어 중용과 지나침, 모자람의 상태에 대해 설명한다. 이것을 표로 정리하면 다음과 같다.

관계있는 것	모자람	중용	지나침
두려움과 태연함	무모함	용기	**비겁**
쾌락과 고통	무감각	절제	**방종, 방탕**
돈	**인색**	관후	낭비, 방탕
명예와 불명예	**비굴**	긍지	오만함, 허영
노여움	무성미, 무기력	온화함	**성급함**
진리	거짓 겸손	진실	**허풍**
유쾌함	**무뚝뚝함**	재치	익살
	심술궂음	친절	비굴, 아첨

(중용과 더 대립되는 것을 굵은 글자로 표기)

어떻게 중용을 지킬 수 있을까?

지금까지 도덕적인 덕은 중용이며, 악덕은 지나침과 모자람 때문에 생겨난다는 것을 충분히 설명했다. 그런데 선한 사람이 되는 것은 쉬운 일이 아니다. 왜냐하면 무슨 일에서나 중간을 찾기가 쉽지 않기 때문이다.

예를 들면, 누구나 원의 중심을 찾아낼 수 있는 것은 아니다. 오직 그것을 아는 사람만이 할 수 있다. 마찬가지로 화를 내거나 돈을 쓰는 일은 누구나 할 수 있는 쉬운 일이지만, 이 일을 마땅한 사람에게, 마땅한 정도로, 마땅한 때에, 마땅한 동기에서, 그리고 마땅한 방법으로 하는 것은 누구나 할 수 있는 쉬운 일이 아니다. 그래서 중용을 잘 지키는 사람을 보기가 어려운 것이며, 그런 만큼 그런 사람은 더욱 칭찬을 받는 것이다.

따라서 중용을 목표로 삼는 사람은 호메로스(Homeros, 고대 그리스의 시인)의 《오디세이아 Odysseia》에 나오는 "저 파도와 물거품을 피하여 배를 대어라."처럼, 우선 중간의 것과 더욱 반대되는 것을 피해야 한다. 왜냐하면 양쪽 끝 가운데 하나가 더 그릇된 것이고, 다른 하나는 덜 그릇된 것이기 때문이다. 중용을 잘 파악하는 것은 매우 어려운 일이기 때문에, 우리는 차선의 방법으로써 악이 가장 적은 것을 선택해야 한다. 또한 자기 자신이 어느 악덕에 쉽게 빠지는가를 잘 살펴봐야 한다.

무엇보다도 특히 경계해야 할 것은 쾌락이다. 우리는 이것에 대해서 공정한 판단을 내리지 못하는 경우가 많다. 그렇기 때문에 이런 경우에는 자신이 쏠리는 방향과 반대되는 방향으로 자신을 이끌고 가야 한다. 사람들이 구부러진 막대기를 곧게 펼 때 구부러진 부분에서 멀리 떨어진 곳을 잡는 것처럼, 잘못된 곳에서 멀리 떨어짐으로써 중간 상태에 도달할 수 있다.

그러나 위에서 말한 것을 실천하기는 굉장히 어렵다. 특히 구체적인 상황에서는 더욱 그렇다. 어떻게, 누구에게, 무슨 까닭으로, 그리고 얼마 동안이나 화를 낼 것인가를 결정하기란 쉽지 않다. 때로는 부족한 사람을 칭찬하면서 온화하다고 하기도 하고, 화를 잘 내는 사람을 칭찬하면서 사내답다고 하기도 한다.

중용에서 조금만 빗나간(지나친 방향이든 모자란 방향이든 간에) 사람은 별로 비난을 받지 않는다. 그러나 너무 지나치게 빗나간 사람은 남의 눈길을 끌게 되고, 당연히 비난을 받게 된다. 그러나 어디까지, 그리고 어느 정도까지 빗나가야 비난을 받고 받지 않는지는 추측으로 쉽게 결정할 수 있는 것이 아니다. 이런 것들은 각각의 사실에 따라 다르고, 그 판단은 각자의 감각에 달려 있기 때문이다.

모든 일의 중간 상태는 칭찬할 일이지만, 어떤 때는 지나친 쪽으로, 또 어떤 때는 모자란 쪽으로 나갈 필요가 있다. 왜냐하면 이렇게 해야 가장 쉽게 중용과 옳은 것에 도달할 수 있기 때문이다.

도덕적인 덕

명예와 관련이 있는 덕은 긍지다. 긍지는 '정신이 크다.'라는 뜻으로, 자부심
과 비슷하다고 할 수 있다. 긍지 있는 사람은 자신이 큰일에 잘 어울린다고
생각하며, 또 실제로도 그런 사람이다. 자신의 가치를 과대평가하는 사람은
어리석은 사람이지만, 자기의 덕에 비추어 자신의 가치를 생각하는 사람은
어리석은 사람도, 이성이 없는 사람도 아니다.

2부_ 도덕적인 덕

1. 용기

앞에서 아리스토텔레스는 덕을 도덕적인 덕과 지적인 덕으로 나누었다. 그리고 도덕적인 덕은 정념에 대한 처신인 성품과 관련이 있으며 사람의 습관에 의해 형성된다고 했다. 그 다음 각각의 정념에 대한 처신 중 중용이 중요하다고 하면서 도덕적인 덕을 구체적으로 제시했다. 이제부터 그것들을 하나씩 살펴볼 것인데, 그 첫 번째가 용기다.

용기는 두려움과 태연함의 중용이다. 용감한 사람은 두려워할 만한 것을 마땅한 동기에서, 마땅한 모습으로, 마땅한 때에 두려워하고, 또 태연한 마음을 갖는 일도 이와 같이 한다. 용기는 고귀한 것이고, 그 목적도 고귀하다. 용감한 사람이 무서운 것을 참고 견디면서 용기 있는 행위를 하는 것은 고귀한 목적 때문이다.

그러나 용기처럼 보이지만 진정한 용기가 아닌 것들도 있다. 군인의 용기, 용병의 경험에서 나온 두려움 없는 행동, 격정, 낙관적인 사람들의 느긋한 태도, 그리고 위험을 알지 못해 용기 있는 것처럼 행동하는 경우 등이 여기에 해당한다.

용기란 무엇일까?

용기는 두려움과 태연함의 중용이다. 우리가 두려워하는 것은 물론이고, 또 무서워하는 것들은 온갖 악을 포함하고 있다. 사람들은 대개 불명예, 빈곤, 질병, 친구가 없는 것, 죽음 등을 포함한 모든 악을 두려워한다. 그러나 용기 있는 사람은 이 모든 것을 두려워하는 것이 아니라 두려워할 만한 것만을 두려워한다. 예를 들어 불명예를 두려워하는 것은 당연하고 고귀한 일이고, 반대로 그것을 두려워하지 않는 것은 오히려 비천한 일이다. 따라서 불명예를 두려워하는 사람은 선하고 염치를 아는 사람이지만, 두려워하지 않는 사람은 파렴치한 사람이다.

일반적으로 빈곤이나 질병처럼 악덕에서 나온 것이 아니거나, 자기 자신 때문에 일어난 일이 아닌 것은 두려워할 이유가 없다. 따라서 이런 것을 두려워하지 않는 사람을 용감하다고 하지 않는다. 또한 자신의 아내나 자녀들이 모욕당하는 것을 두려워하는 사람을 비겁하다고 하지 않는다. 뿐만 아니라 채찍질을 당할 위기에 처했을 때 태연하다고 해서 용기가 있는 것도 아니다.

그러면 용감한 사람과 관계있는 무서운 일은 무엇인가? 확실히 그것은 가장 큰일과 관계가 있을 것이다. 아무도 큰일에서 생겨난 무서움을 잘 견뎌 내지는 못할 것이기 때문이다. 그렇다면 세상에서 가장 무서운 것은 무엇일까? 그건 바로 죽음이다. 왜냐하면 죽음은 끝인 동시에, 죽은 자에게는 좋은 것도 나쁜 것도 없기 때문이다.

그러나 용감한 사람은 어떤 경우의 죽음에 대해서나, 예를 들어

바다에서 죽든가 병들어 죽든가 하는 것에 대해서는 마음 쓰지 않는다. 그러면 용감한 사람은 어떤 경우의 죽음에 마음을 쓸까? 분명히 가장 고귀한 죽음에 마음을 쓸 것이다. 그리고 그것은 바로 전쟁터에서 죽는 것이다. 왜냐하면 전쟁터에서의 죽음, 즉 전사(戰死)는 가장 크고 고귀한 위험에서 생기기 때문이다. 그러기에 전사자는 나라에서 표창을 받는다. 따라서 죽을지도 모르는 위험한 상태에서도 두려워하지 않는 사람을 용기 있는 사람이라고 부르는 것은 당연하다.

그런데 무서운 것이 모든 사람에게 똑같지는 않다. 무서운 것들 가운데는 인간의 능력에서 벗어나 있어, 이성이 있는 사람이라면 누구나 두려워하는 것들이 있다. 그러나 인간의 능력을 벗어나지 않은 것들은 중요성이나 정도에 따라 서로 다르고, 또 경우에 따라 태연한 마음을 갖게 하는 것들도 있다.

용감한 사람은 사람 가운데 가장 두려움이 없는 사람이다. 그러므로 그는 두려움에 부딪혀도 떳떳하고 순리에 따라 명예롭게 행동한다. 이것이야말로 용기의 목적이다. 반면에 이와 관련하여 저지르게 되는 잘못에는, 두려워해서는 안 될 것을 두려워하는 것과 두려움을 나타내는 태도가 옳지 못한 것, 두려워해서는 안 될 때 두려워하는 것 등이 있다. 따라서 두려워할 만한 것을 마땅한 동기에서, 마땅한 태도로, 마땅한 때에 두려워하는 사람도 용감한 사람이다.

한편 모든 활동의 목적은 그 활동의 성격을 보여 준다. 용기의 경우도 마찬가지다. 용기는 고귀하기 때문에 그 목적도 고귀하다. 용감한 사람이 무서운 것을 참고 견디며 용기 있는 행위를 하는 것은 고귀한 목적 때문이다.

용기가 지나친 사람 가운데 무서워하지 않는 방향으로 많이 치우친 사람에 대한 명칭은 정해져 있지 않다. 하지만 어떤 사람이 파도건 지진이건 아무것도 두려워하지 않는다면, 그는 일종의 미친 사람이거나 무감각한 사람이라 부를 수 있다.

한편 정말 무서운 일에 대해서 지나치게 태연한 사람은 무모한 사람이며, 허풍선이라고도 한다. 어떻게 보면 그는 용감한 척하는 사람이기도 하다. 용감한 사람은 무서운 일에 대해서 정말 용감하지만, 무모한 사람은 용감한 것처럼 보이려고 용감한 사람을 최대한 흉내 낼 뿐이다. 그래서 대개 무모함과 비겁함이 섞여 있다. 그들은 가능한 한 태연해 보이려고 하지만, 정말 무서운 일은 견디지 못한다.

무서워하는 일에서 또 다른 방향으로 지나치게 치우친 사람은 겁쟁이다. 그들은 무서워할 것이 못 되는 것을 무서워하며, 태연한 태도에 있어서도 모자란 면이 있다. 이는 고통스러운 상황에서 더욱 두드러진다. 특히 겁쟁이는 비관적인데, 모든 것을 두려워하기 때문이다. 용감한 사람은 이와 정반대의 자세를 취한다. 태연한 자세는 낙관적인 사람에게나 가능한데, 용감한 사람이 그러하다.

그러고 보면 겁쟁이, 무모한 사람, 그리고 용감한 사람은 같은 상황에 놓이더라도 그 자세가 서로 다르다. 즉, 처음의 두 사람은 지나치거나 모자란 방향으로 나아가는 데 반해, 세 번째 사람은 옳은 위치인 중간을 취한다. 여기서 무모한 사람은 경솔하여 위험한 일이 닥치기 전에는 중간을 취하는 것처럼 보이지만, 막상 위험에 빠지면 뒷걸음질친다. 이와 반대로 용감한 사람은 행동하는 순간에는 정신을 바짝 차리지만, 그전에는 조용하다.

그러므로 용기란 두려움과 태연함의 중용이다. 어떤 일을 선택하거나 견디는 이유는 그렇게 하는 것이 고귀한 일이고, 그렇게 하지 않는 것은 비천한 일이기 때문이다. 그러나 가난, 사랑, 그 밖에 무엇이든지 고통스러운 것을 피하기 위하여 죽는 것은 용감한 사람이 하는 행동이 아니고, 오히려 겁쟁이가 하는 행동이다. 골치 아픈 일을 피하는 것은 마음이 약한 탓이고, 이런 사람이 죽음을 택하는 이유는 그것이 고귀해서가 아니라 오히려 고통에서 벗어나기 위해서다.

용기라고 잘못 불리는 것에는 어떤 것이 있을까?

참된 용기가 아닌데도 용기라고 잘못 불리는 것들이 있다. 바로 군인의 용기, 용병의 용기, 격정, 낙관적인 행동, 위험을 모르는 데서 오는 행동 등이다. 이에 대해 간단히 살펴보자.

| 군인의 용기 |

용기라고 잘못 불리는 것 가운데 군인의 용기가 참된 용기와 가장 비슷하다. 그런데 군인의 용기를 참된 용기라 할 수 있을까? 군인은 용감하지 않을 경우 받게 될 처벌이나 사람들의 비난 때문에, 혹은 용감한 행위를 함으로써 얻게 될 명예 때문에 위험을 무릅쓰는 것처럼 보인다. 겁쟁이에게는 명예롭지 못한 대접을 하고 용감한 사람에게는 명예로운 대접을 한다면, 사람들은 용감해지려고 할 것이다. 이것은 호메로스가 묘사한 헥토르, 즉 트로이에서 가장 용감한 사람의 용기와 비슷한 것이다.

호메로스는 다음과 같이 노래한다.

헥토르는 머지 않아 트로이 사람들 앞에서 큰소리로 외치리라.
"뮈데이데스는 겁을 집어먹고, 내 앞에서 도망쳤느니라."

《일리아스》 제8권 148~149)

용기는 고귀한 명예를 바라고, 비열한 불명예를 피하는 것이다. 그런데 통치자들의 강요로 용기 있는 행동을 하는 사람들도 있다. 이런 사람들은 수치심이 아니라 공포심에서 용기 있는 행동을 하는 것이고, 또 수치스러운 일을 피하기 위해서가 아니라 고통스러운 일을 피하기 위해 용기 있게 행동하는 것이므로 참된 용사보다 못하다. 헥토르가 그렇게 강요한 것처럼, 윗사람의 강요로 말미암아 용기 있게 행동하는 것이기 때문이다. 헥토르는 다음과 같이 말했다.

> "싸움터에서 슬그머니 도망치려는 겁쟁이가 내 눈에 보이기만 하면, 개한테 물리지 않으려 해도 헛수고이리라."
>
> 《일리아스》 제2권 391~393)

강요 때문이 아니라, 고귀한 일이기 때문에 용감한 행위를 하는 것이 진정한 용기다. 따라서 군인의 용기는 진정한 용기라고 하기에는 모자람이 있다.

|용병의 용기|

돈을 벌기 위해 다른 나라에서 군인 생활을 하는 용병들이 있다. 그들의 용기를 과연 참된 용기라 할 수 있을까? 먼저 그들의 용기는 각각의 상황에 대한 다양한 경험에서 나온다고 할 수 있다. 그리고 그들의 용기는 전투에서 가장 잘 드러난다. 대부분의 사람들은 전투에서 공연한 두려움을 느끼지만, 전투 경험이 풍부한 용병들은 그렇지 않다. 그들이 용감해 보이는 것은 전투 경험이 많기 때문이다.

공격과 방어에서 가장 뛰어난 것도 그들이 무기를 다룰 줄 알고, 또 가장 좋은 무기를 가지고 있기 때문이다. 그러므로 그들은 무장한 사람이 무장하지 않은 사람과 싸우듯, 혹은 훈련 받은 운동 선수가 훈련 받지 않은 선수와 싸우듯이 싸운다. 이런 상황에서 가장 잘 싸우는 사람은 가장 용감한 사람이 아니라, 무장을 가장 잘 갖추고 신체 단련이 가장 잘 된 사람이다.

하지만 용병도 위험률이 높아지고, 수가 줄고, 장비가 뒤떨어지면 겁쟁이가 된다. 실제로 헤르메스(Hermes)의 신전에서 일어났던 일을 생각해 보라. 기원전 353년 카이로네이아(Chaeroneia) 싸움에서, 보이오티아(Voiotia)에서 온 용병들은 앞장서서 도망쳤다. 그러나 징집된 군인들은 아크로폴리스를 지키기 위해 죽음을 무릅썼다. 징집된 군인에게 있어 도망치는 행위는 부끄러운 일이고, 도망쳐서 목숨을 유지하는 것은 차라리 죽느니만 못한 것이기 때문이다.

그러나 용병들은 처음부터 자신들이 더 힘이 세다는 생각으로 전투에 나간 것이기 때문에, 실제 상황에서는 불명예보다 죽음이 더 두려웠던 것이다. 이러한 용병의 용기는 참된 용기일 수 없다. 용감한 사람은 결코 이런 사람이 아니다.

| 격정 |

격정도 때로는 용기로 생각된다. 자기에게 상처를 입힌 사람에게 돌진하는 야수처럼, 격정적으로 행동하는 사람도 용감한 사람처럼 보인다. 왜냐하면 용감한 사람 역시 격정적으로 행동하기 때문이다.

사실 격정은 다른 어떤 것보다도 힘차게 위험에 뛰어들게 하며, 용감한 사람의 격정은 명예로운 행동에 힘을 보태 준다.

이와 달리 사나운 짐승은 고통 때문에 격정적으로 행동한다. 짐승은 상처를 입거나 겁을 집어먹은 경우에만 공격할 뿐이다. 숲속에 편안히 있을 때는 구태여 나와서 사람에게 덤벼들지 않는다. 그러므로 고통과 격정 때문에 가만히 있을 수 없어 물불 가리지 않고 위험에 마구 뛰어드는 동물을 용감하다고 할 수는 없다. 만일 그렇다면 당나귀도 배가 고플 때는 용감하다고 해야 할 것이다. 왜냐하면 배고픈 당나귀는 매를 맞아도 먹이통에서 떠나지 않기 때문이다. 또 욕정은 음탕한 사람으로 하여금 여러 가지 대담한 일을 하게 한다.

이처럼 격정으로 말미암은 용기는 가장 자연스러운 것이지만, 그것이 참된 용기가 되려면 격정에 선택과 목적이 더해져야 한다. 사람도 짐승과 마찬가지로 노여울 때는 고통스럽고, 복수를 하고 나면 통쾌해진다. 하지만 이런 이유 때문에 싸우는 사람은 호전적이기는 해도 용감한 사람은 못 된다. 이들의 행동은 명예를 위한 것도, 순리에 따른 것도 아닌 강렬한 감정, 즉 격정에 따른 것뿐이기 때문이다.

| 낙관적인 행동 |

낙관적으로 행동하는 사람도 용감해 보이지만, 사실은 용감한 것이 아니다. 왜냐하면 그는 다만 여러 차례 이긴 일이 있고, 또 많은

적을 물리친 적이 있어서 위험에 처했을 때 태연할 수 있는 것이기 때문이다.

낙관적인 사람은 태연하다는 점에서 용감한 사람과 매우 비슷하다. 그러나 낙관적인 사람은 자기가 가장 강하고 아무 피해도 입지 않을 것이라고 생각하기 때문에 태연할 수 있다. 예를 들면 술에 취한 사람도 이와 같이 행동한다. 그는 매우 낙관적이다. 하지만 일이 뜻대로 되지 않을 때, 이런 사람은 도망쳐 버린다.

용감한 사람의 특징은 사람들이 무서워하고 또 무서워 보이는 것을 견디는 것이 고귀한 행동이고, 견디지 못하는 것이 수치스러운 일이기 때문에 그렇게 한다는 데 있다. 따라서 용감한 사람은 예상한 일보다는 돌발적인 일을 더욱 두려워하지 않으며, 마음에 흔들림이 없다. 왜냐하면 이런 경우에 흔들리지 않는 태도는 마음의 준비로부터 생기는 것이 아니고, 성품에서 우러나오는 것이기 때문이다. 예상할 수 있는 행위는 계산과 이치로 대응하는 것이지만, 갑작스런 행위는 자기의 성품으로 대응하는 것이다. 따라서 낙관적인 행동은 참된 용기라고 할 수 없다.

위험을 모르는 데서 오는 행동

위험을 모르는 사람도 용감해 보인다. 그는 낙관적인 사람과 비슷해 보이기도 한다. 그러나 낙관적인 사람이 자신감을 갖고 있는

데 비해, 위험을 모르는 사람은 자신감이 없다. 낙관적인 사람은 위험한 상황이 닥쳐도 한동안 자기 자리를 지키지만, 실제 상황을 잘못 알았던 사람은 그 위험을 알게 되거나 그 상황이 자기가 생각했던 것과 다르다는 판단이 서면 바로 도망쳐 버린다. 따라서 이들은 낙관적인 사람만도 못하며, 그러므로 용기 있는 사람이라고 할 수 없다.

용기와 고통은 어떤 관계인가?

지금까지 우리는 용감한 사람과 용감해 보이는 사람의 특징을 살펴보았다. 용기는 두려움과 태연함에 관계되는 것인데, 그 가운데 두려움과 더 밀접한 관계가 있다. 왜냐하면 두려운 일에 부딪혀서 마음의 안정을 잃지 않고 잘 견디는 사람이, 누구나 태연한 태도로 대응할 수 있는 일에 대해 태연함을 유지하는 사람보다 더 용감하기 때문이다. 그래서 고통스러운 일을 잘 견뎌 내는 사람이 용감한 사람이라는 말을 듣는 것이다. 따라서 용기는 고통을 포함하는 것이며, 칭찬받아 마땅한 것이다. 즐거운 일을 피하는 것보다는 고통스러운 것을 참고 견디는 일이 더욱 힘들기 때문이다.

물론 용기의 궁극적인 목적은 좋고 즐거운 것이다. 그러나 그것을 둘러싼 여러 가지 상황 때문에 그 사실이 잘 드러나지 않는다. 이런 일은 운동 경기에서도 흔히 볼 수 있다. 예를 들어 권투 선수는 영광이나 명예와 같은 즐거움을 위해 권투를 하지만, 얻어맞는 고통 또한 피할 수 없다. 그리하여 얻어맞는 일과 수고 때문에 즐거움이 전혀 없어 보이기도 한다.

용기의 경우도 이와 비슷하다. 죽음이나 부상은 용감한 사람에게 고통스러운 일이고 그가 원하는 바도 아니지만, 그런 것을 견디는 것이 고귀한 일이고, 그런 것을 견디지 않는 것은 비천한 일이다. 그렇기 때문에 사람들은 용기 있게 행동하는 것이다.

사실 덕을 온전히 가지고 있거나 현재의 삶이 행복할수록 죽음은 더욱 괴로운 것이다. 그러나 이런 형편에서도 그는 용감하다. 아니, 이럴수록 더욱 용감할 것이다. 왜냐하면 용기 있는 사람은 그만한 희생을 치르면서도 전쟁에서의 고귀한 행동을 선택하기 때문이다. 그러므로 목적에 도달한 경우를 빼면, 덕을 행하는 것이 언제나 즐거운 것만은 아님을 알 수 있다.

2. 절제

절제는 육체적 쾌락에 대한 중용으로, 특히 미각이나 촉각의 쾌락과 관련이 있다. 사람은 돼지와 달리 미각 때문에 너무 많이 먹어서 병이 나기도 하고, 반대로 자신의 목적을 이루기 위해 먹지 않고 여러 날을 견디기도 한다. 절제는 이러한 인간의 특징과 밀접하게 연결되어 있다.

절제와 반대되는 것에는 지나치게 욕망을 추구하는 방종과 육체적 쾌락에 대해 아예 관심이 없는 무감각이 있다. 그러나 무감각한 사람은 거의 없기 때문에 주로 방종이 절제와 대립한다. 방종은 지나치게 쾌락을 추구하는 데서 오는 것이므로 인간의 의지와 관련이 있다. 따라서 절제하는 사람은 쾌락에서 마땅한 것을, 마땅할 정도로, 마땅히 해야 할 때 추구한다.

절제란 무엇인가?

용기와 절제는 두려움이나 쾌락과 같은 정신의 비이성적인 부분의 덕이다. 절제는 쾌락에 대한 중용이며, 방종도 같은 영역에서 나타난다. 절제와 방종이 어떤 종류의 쾌락과 관계있는가를 살펴보자.

쾌락은 육체적 쾌락과 정신적 쾌락으로 나뉜다. 정신적 쾌락은 명예를 좋아하는 것, 학문을 좋아하는 것 등이다. 명예를 좋아하는 사람이나 학문을 좋아하는 사람은 자기가 좋아하는 것을 하면서 기쁨을 느끼지만, 이 기쁨은 육체와는 아무 상관이 없다. 정신적 쾌락을 추구하는 사람을 가리켜 절제하는 사람이라거나 방탕한 사람이라고 하지는 않는다. 또 이 밖에 육체적 쾌락이 아닌 다른 쾌락에 관심 있는 사람에 대해서도 절제한다거나 방종하다고 하지 않는다.

예를 들어, 이야기를 듣거나 남에게 이야기해 주는 것을 좋아하여 날마다 하잘것없는 이야기로 시간을 보내는 사람을 우리는 잡담꾼이라고 하지, 방종한 사람이라고 하지는 않는다. 또 돈이나 친구를 잃고 괴로워하는 사람에 대해서도 마찬가지다. 따라서 절제는 육체적 쾌락과 관계있는 것이다. 그러나 모든 육체적 쾌락과 관련되는 것은 아니다.

예를 들면 시각의 대상인 색채나 모양, 그림을 통해 기쁨을 맛보는 경우에는 절제나 방종이라는 표현을 쓰지 않는다. 청각의 대상에 대해서도 마찬가지다. 즉, 음악을 지나치게 즐기는 사람에게 방종한 사람이라고 하지는 않으며, 또 알맞게 즐기는 사람에게 절제가 있다고 하지도 않는다.

또 후각의 경우에도 절제한다든가 방종하다는 말을 쓰지 않는다. 물론 이때 냄새 자체에서 기쁨을 맛보는 것이 아닌 경우에는 문제가 다르다. 즉, 사과나 장미꽃의 향기에서 기쁨을 맛보는 것은 방종이라고 하지 않지만, 불고기나 화장품 냄새에서 기쁨을 맛보는 것에 대해서는 방종이라고 말한다. 왜냐하면 이런 것들은 그들에게 욕망의 대상을 떠오르게 하기 때문이다. 예를 들어, 우리는 가끔 배고픈 사람들이 음식 냄새에서 기쁨을 맛보는 것을 보는데, 이는 방종한 사람의 특징이다. 왜냐하면 이 경우에 음식은 그에게 욕망의 대상이기 때문이다.

인간 이외의 다른 동물에게는 시각이나 청각, 후각 같은 감각들과 연결된 쾌락이 없다. 예를 들어 늑대는 토끼의 냄새에서 기쁨을 맛보는 것이 아니고, 그것을 먹어치우는 데서 기쁨을 느낀다. 냄새는 토끼가 어딘가 그 근처에 있다는 것을 늑대에게 알려줄 뿐이다.

또 사자는 소의 울음소리에서 기쁨을 맛보는 것이 아니라, 소를 잡아먹는 데서 기쁨을 느낀다. 다만 그 울음소리로 소가 자기 근처에 있다는 것을 알아차리기 때문에 소의 울음소리에서 기쁨을 느끼는 것처럼 보일 뿐이다. 이와 마찬가지로 사자는 노루나 염소를 보는 데서 기쁨을 느끼는 것이 아니라, 이것을 맛있게 먹는 데서 기쁨을 느낀다. 따라서 절제나 방종과 관계있는 쾌락, 즉 촉각과 미각의 쾌락은 인간 이외의 다른 모든 동물도 역시 누릴 수 있으며, 그것은 노예나 짐승과 같은 것으로 여겨진다.

미각도 절제나 방종과 별로 관계가 없어 보인다. 또는 전혀 관계가 없어 보이기도 한다. 미각이란 본래 맛을 알기 위해서 있는 것으로 술맛을 검사하는 사람이나 요리사들에게 필요한데, 이렇게 맛을 알아내는 일에서 기쁨을 느끼는 사람은 거의 없고, 방종한 사람도 이런 일에서는 기쁨을 느끼지 않기 때문이다.

사람들은 언제나 촉각에서 오는 실제적 향락, 즉 음식물이나 성교 같은 데서 얻는 향락에서 기쁨을 맛본다. 어떤 미식가가 자신의 목구멍이 학의 목구멍보다 길었으면 좋겠다고 기도한 것도 이 때문이다. 이는 그가 감촉에서 쾌락을 얻었음을 의미한다.

그러므로 방종과 관계가 있는 감각은, 인간으로서가 아니라 동물로서 우리에게 속하는 것이기 때문에 비난을 받아 마땅한 것이다. 그런 일에서 기쁨을 느끼고, 다른 무엇보다도 그런 일을 좋아하는 것은 동물과 같은 것이다. 방종한 사람이 가장 중시하는 감촉은 몸 전체를 쓰는 것이 아니라 몸의 어떤 부분만을 건드리는 것이다.

절제와 반대되는 것에는 무엇이 있을까?

욕망 가운데 어떤 것은 모든 사람에게 일반적이며 공통적이고, 또 어떤 것은 개인적이며 후천적이다.

먼저 모든 사람에게 공통적인 욕망을 살펴보자. 예를 들어 음식물에 대한 욕망은 본성적이다. 음식물이 없을 때에는 누구나 먹을 것이나 마실 것을 찾아 헤맨다. 그러나 모두가 같은 음식을 원하는 것은 아니다. 음식에 대한 본성적인 욕망에서 잘못된 방향으로 나아가는 사람은 아주 적고 그 방향도 하나인데, 그것은 바로 지나침이다. 즉, 먹기 싫을 때까지 닥치는 대로 먹고 마시는 대식가들은 본성의 한도를 넘어선 것이다. 본성적인 욕망은 모자란 것을 채우는 것인데, 대식가들은 적당한 양 이상으로 배를 채우므로 음식의 노예가 된 사람들이다.

그러나 각각의 개인적인 쾌락에서는 많은 사람들이 잘못된 방향으로 나아가며, 또 잘못되는 모양도 여러 가지다. 즉, 무엇에 미쳤다는 소리를 듣는 사람은 그릇된 일에서, 옳지 못한 방법으로, 다른 사람들 이상의 기쁨을 맛본다. 한편 방종한 사람은 이 모든 면에서 지나치다. 방종한 사람은 기쁨을 맛봐서는 안 되는 것들에서 기쁨을 맛보며, 기쁨을 느껴도 괜찮은 것들에서는 지켜야 할 한계를 넘어서서 일반적인 사람들이 맛보는 기쁨 이상을 맛본다. 그러므로 방종은 쾌락에 관하여 지나친 것이며, 비난받아 마땅한 것이다.

고통에 관해서 말하자면, 고통을 참고 견딘다고 해서 절제를 한다는 말을 듣는 것도 아니고, 고통을 참지 못하고 견디지 않는다고 해서 방종하다는 말을 듣는 것도 아니다. 방종한 사람이 방종하다는 말을 듣는 것은 쾌락을 얻지 못하면 지나치게 괴로워하기 때문이다.

반면에 절제하는 사람이 절제한다는 말을 듣는 것은 그가 쾌락을 추구하지 않고, 그것을 멀리하고서도 괴로워하지 않기 때문이다. 방종한 사람은 쾌락을 주는 모든 것들과 가장 즐거운 일들을 추구하며, 욕망에 이끌려 다른 모든 것을 제쳐 놓고 이러한 것을 먼저 선택한다. 따라서 이것들을 얻지 못할 때나 욕망을 채우지 못하고 그저 바라기만 할 때 괴로워한다. 그런데 쾌락 때문에 괴로워하고 고통을 느낀다는 것은 이상한 일이 아닐까?

쾌락에 대해 관심이 적고, 당연히 맛볼 기쁨을 맛보지 않으려는 사람은 거의 없다. 그런 무감각은 인간적이지 않기 때문이다. 인간 이외의 다른 동물들도 여러 음식 가운데 어떤 것은 좋아하고 어떤 것은 좋아하지 않는다. 아무것도 마음을 기쁘게 하는 것이 없고, 아무것도 마음에 드는 것이 없다고 하는 사람은 보통 사람과는 아주 거리가 먼 사람이다. 이런 종류의 사람은 흔하지 않기 때문에 부르는 명칭이 없지만, 굳이 이름을 붙이자면 무감각한 사람이라 하겠다.

절제하는 사람은 이런 것들에 관하여 중간을 지킨다. 즉, 그는 방종한 사람이 가장 즐기는 것을 즐기지 않고—오히려 이런 것들을 혐오하며—좋아하면 안 되는 것들은 대체로 좋아하지 않으며, 또 좋아해도 되는 것이라도 지나치게 좋아하지 않는다. 그리고 즐기거나 좋아하는 것들이 없을 때에도 고통을 느끼지 않으며, 설사 고통을 느낀다 해도 적당한 선을 넘지 않는다.

절제하는 사람은 건강이나 좋은 상태를 유지하는 데 도움이 되고, 고귀한 것과 반대되지 않는 것들을 적당하게 자기의 분수에 맞게 바란다. 왜냐하면 분수에 맞아야 한다는 조건들을 무시하는 사람은 쾌락을 그 가치 이상으로 사랑하지만, 절제하는 사람은 이런 종류의 사람이 아니고 순리대로 행동하는 사람이기 때문이다.

방종은 비겁보다 자신의 의지와 더 관련이 있다. 왜냐하면 방종은 쾌락으로 말미암아 생기고 비겁은 고통으로 말미암아 생기는데, 쾌락은 우리가 선택하는 것이고 고통은 우리가 피하는 것이기 때문이다. 그러므로 방종이 더 자신의 의지와 관계가 있으며, 더욱 비난의 대상이 되기 쉽다. 인생에는 방종의 대상이 되는 것이 많아서 습관이 되기도 쉽다.

방종이란 명칭은 제멋대로 자란 아이들의 여러 잘못에도 적용된다. 대부분의 아이들은 욕망에 이끌리기 쉽고, 쾌락을 주는 것에 대한 욕망 또한 강하다. 그렇기 때문에 그들이 말을 잘 듣지 않고 이치에 순응하지 않으면 무슨 일을 저지를지 알 수 없다. 왜냐하면 비이성적인 존재에게 쾌락의 욕구는 아무리 채우려 해도 채울 수 없을 정도로 크며, 욕망이 강하고 격렬할 때에는 생각하는 힘마저도 몰아내기 때문이다.

따라서 이 욕망들은 적당한 수준을 지키며 커지지 않아야 하고, 어떤 경우에도 이치에서 어긋나서는 안 된다. 말을 잘 듣고 순하다고 하는 것은 바로 이러한 상태를 가리키는 것이다. 또 어린아이가 선생의 지도를 따라야 하는 것과 마찬가지로 정신의 욕망 부분도 이치를 따르지 않으면 안 된다.

절제하는 사람은 그가 마땅히 추구해야 할 것을, 마땅히 추구해야 할 정도로, 그리고 마땅히 추구해야 할 때에 추구한다. 그리고 이것이야말로 이치에 맞는 것이다.

3. 관후

재물과 관련되는 중용은 관후다. 예나 지금이나 사람들은 재물을 중요하게 여기며, 심지어 재물을 사람보다 귀하게 여기는 물질만능주의에 젖어 있기도 하다. 재물은 우리가 살아가는 데 필요한 것일 뿐, 그 이상도 이하도 아니다. 따라서 적절하게 얻고 적절하게 사용해야 한다. 관후는 재물을 적절하게 얻고, 적절한 때에 사용하는 것과 관계있는 덕이다.

특히 관후한 사람은 줄 만한 사람에게, 줄 만한 양을, 줄 만한 때에 올바르게 준다. 반대로 재물을 함부로 사용하는 것은 방탕이며, 써야 할 때 쓰지 못하는 것은 인색이다. 방탕과 인색은 바람직한 것이라고 할 수 없다. 특히 방탕은 주는 데에서 지나친 것이므로 관후로 나아갈 수 있지만, 인색은 그렇지 않다. 따라서 인색이 관후와 더 대립된다. 관후와 비슷한 것으로 호탕이 있다. 호탕은 '소비에서의 관후'라고 할 수 있다.

관후한 사람은 어떤 사람인가?

이제 재물과 관련된 덕에 대해 이야기해 보자. 재물에 대한 중용은 관후, 즉 너그럽고 후함이다. 관후한 사람은 어떤 다른 일을 잘해서가 아니라 재물을 주고받는 일, 특히 주는 일을 잘하기 때문에 칭찬을 받는다. 그리고 방탕과 인색은 재물에 관련된 지나침과 모자람이다.

어떤 물건이든 쓰일 데가 있는 물건은 잘 쓰일 수도, 잘못 쓰일 수도 있다. 재물은 이와 같이 쓰일 곳이 있는 물건이다. 무슨 물건이든 그 물건을 가장 잘 쓸 수 있는 사람이 그 물건에 관한 덕을 지닌 사람인데, 재물은 부에 관한 덕을 갖고 있는 사람이 가장 잘 사용할 수 있다. 우리는 바로 이러한 사람을 관후한 사람이라고 부른다.

재물을 사용하는 방법에는 쓰는 것과 주는 것이 있다. 반면에 재물을 얻고 지키는 것은 사용이 아니라 소유다. 따라서 재물을 당연히 얻을 데서 얻고 그렇지 않은 데서는 얻지 않는 것보다는, 받아서 마땅한 사람에게 재물을 주는 것이 오히려 관후한 사람의 특징이다. 왜냐하면 덕을 덕이라고 하는 이유는 남이 나에게 잘해 주는 것보다는 내가 남에게 잘해 주는 데 있고, 또 비천한 일을 하지 않는 것보다는 고귀한 일을 하는 데 있기 때문이다.

그리고 준다는 것은 좋은 일을 하고 고귀한 일을 한다는 의미를 포함한다. 그래서 감사와 칭찬은 재물을 얻으려고 하지 않는 사람이 아니라, 그것을 주는 사람에게 주어진다. 사람들은 남의 것을 가질 때보다 자신의 것을 내어 주는 데에 더욱 인색하다. 다시 말해 남의 것을 갖지 않는 것은 주는 것보다 쉬운 일이다.

자신의 재물을 남에게 주는 사람은 관후하다는 말을 듣지만, 남의 재물을 갖지 않는 사람은 공정하다는 칭찬을 받을 뿐이다. 관후한 사람은 모든 덕이 있는 사람들 가운데 가장 많은 사랑을 받는다. 그들은 이롭고 도움이 되는 존재이며, 주는 사람이기 때문이다.

덕이 있는 행위는 고귀하며, 또 고귀하기 때문에 사람들은 덕이 있는 행위를 한다. 그러므로 관후한 사람은 다른 덕이 있는 사람들과 마찬가지로 고귀한 일을 위해 자신의 재물을 주며, 또 올바르게 준다. 즉, 그는 줄 만한 사람에게, 줄 만한 양을, 줄 만한 때에, 그리고 이 밖에 올바르게 주는 일에 맞는 모든 조건을 만족시키면서 준다. 그리고 그는 기쁜 마음으로 고통을 느끼지 않으면서 준다.

이러한 사람들과는 반대로 옳지 못한 사람에게, 또는 고귀한 일 때문이 아닌 다른 이유 때문에 주는 사람은 관후한 사람이 아니다. 또 고통을 느끼면서 억지로 주는 사람도 관후한 사람이 못 된다. 왜냐하면 고귀한 행위보다 재물을 더 소중히 여기기 때문이다.

관후한 사람은 또한 재물을 가져서는 안 될 때에는 갖지 않는다. 가져서는 안 될 때에 갖는 것은 재물만을 소중히 여기는 사람의 특징이다. 관후한 사람은 가질 만한 곳에서, 즉 자신의 소유물 가운데서만 갖는다. 그가 이와 같이 자신의 소유물 가운데서만 갖는 이유는 재물을 갖는 일 자체가 고귀해서가 아니라, 남에게 주기 위해서다.

또 그는 자신의 소유물을 소홀히 다루지 않는다. 왜냐하면 이 소유물로써 남을 돕고자 하기 때문이다. 그리고 아무에게나 또는 누구에게나 주지도 않는다. 줄 만한 사람에게, 주어야 할 때에, 그리고 주는 것이 고귀한 일인 경우에 주기 위해서다.

자신을 위해서는 남는 것이 거의 없을 정도로 남에게 많이 주는 것도 관후한 사람의 큰 특징이다. 관후한 사람은 자기 자신을 돌보지 않는다.

그런데 '관후하다'는 말은 그 사람의 재산에 따라 상대적으로 쓰인다. 즉, 관후는 주는 액수의 많고 적음이 아니라 주는 사람의 성품에 달려 있다. 예를 들어 천 원을 가진 사람이 남에게 백 원을 주는 것이 만 원을 가진 사람이 남에게 백 원을 주는 것보다 더 관후의 덕에 가깝다고 할 수 있다. 즉, 자신이 가진 재물의 더 많은 비율을 남에게 주는 사람이 더 관후한 사람이다.

자기 힘으로 재산을 모은 사람보다 재산을 물려받은 사람이 더 관후한 면이 있다. 그 이유는 첫째로 이런 사람은 궁핍했던 경험이 없고, 둘째로 사람은 누구나 자기 자신이 직접 이룬 것에 더 큰 애착을 갖기 때문이다.

관후한 사람은 부자가 되기도 쉽지 않다. 왜냐하면 그는 재물을 얻거나 모으는 데 익숙하지 않고, 오히려 잘 내어 줄 뿐만 아니라 재물 그 자체보다는 남에게 주는 것을 더욱 소중히 여기기 때문이다. 그래서 "재물을 지닐 자격이 가장 충분한 사람이 실제로는 가장 적게 재물을 얻는다."라는 말이 생겨나기도 했다. 세상 일이 이렇게 돌아가는 데는 다 이유가 있다. 다른 경우에도 그렇지만, 재물을 얻으려고 애쓰지 않는 사람이 재물을 많이 가질 수는 없기 때문이다.

그러나 관후한 사람은 줄 필요가 없는 사람에게, 또 필요가 없는 때에 아무렇게나 주지는 않는다. 그렇게 하는 것은 관후한 성품에 따라 행동하는 것이 아니다. 이렇게 재물을 쓰고 나면 정말 써야 할 때는 아무것도 남지 않기 때문이다.

이렇듯 관후란 재물을 주는 일과 받는 일에서의 중용이므로, 관후한 사람은 적당한 양을 마땅한 일에 기쁜 마음으로 주며, 또 소비한다. 그리고 당연히 얻을 곳에서 마땅한 양을 얻는다. 올바르게 얻는 일에는 올바르게 주는 일이 따르며, 그릇되게 얻는 일에는 그릇되게 주는 일이 따른다. 그렇기 때문에 관후한 사람은 올바르지 못하거나 고귀하지 못하게 소비한 일이 있으면 괴로워한다. 물론 이런 경우에도 그의 괴로움은 적당한 기준을 잃지 않는다. 왜냐하면 마땅한 일에, 마땅한 모습으로 기뻐하거나 괴로워하는 것이 덕의 특징이기 때문이다.

또 관후한 사람은 금전 문제에서 다루기가 쉬운 사람이다. 왜냐하면 그는 돈을 모으는 데에 관심이 없고, 써서는 안 될 일에 썼을 때 괴로워하는 것 이상으로 써야 할 곳에 쓰지 못하는 것을 안타깝게 여기는 사람이어서 남에게 쉽게 속아 넘어가기 때문이다.

관후와 반대되는 것에는 무엇이 있는가?
관후와 반대되는 것에는 인색과 방탕이 있다. 재물에 대해서 지나치게 염려하는 사람을 보고 우리는 인색하다고 한다. 한편 방탕이란 말은 가끔 서로 다른 두 가지 의미로 사용된다. 하나는 자제력이 없는 경우이고, 또 다른 하나는 생활에서 방종하게 돈을 쓰는 경우이다. 그런데 원래 방탕한 사람은 단 한 가지의 나쁜 성질, 즉 재산을 낭비하는 성질을 가진 사람을 뜻한다. 사실 방탕한 사람은 자신의 잘못으로 패가망신하는 경우가 많다. 삶을 살아가기 위해서는 어느 정도 재산이 있어야 한다. 따라서 재산의 낭비는 일종의 패가망신인 것이다.

방탕과 인색은 두 가지 일, 즉 주는 일과 얻는 일에 있어서의 지나침과 모자람이다. 방탕은 주는 일에 있어서는 지나치고 얻는 데 있어서는 모자란 반면, 인색은 대체로 주는 일에 있어서 모자라고 얻는 데 있어서는 지나치다.

방탕의 두 특징—주는 일에서의 지나침과 얻는 일에서의 모자람—은 가끔 서로 모순된다. 얻는 것이 없으면 줄 것 또한 없기 때문이다. 자꾸 주기만 하면 재산을 쉽게 써 버리게 되는데, 방탕한 사람이란 명칭을 사용하는 것이 이런 경우다. 이런 두 가지 특징이 다 갖추어졌을 때는 방탕한 사람이 인색한 사람보다 훨씬 낫다. 왜냐하면 그는 나이를 먹고 가난해지면 그 못된 버릇이 없어질 것이고, 그렇게 되면 중간의 상태로 옮겨가게 될 수도 있기 때문이다.

방탕한 사람은 관후한 사람의 특징도 가지고 있다. 주기를 잘하고 얻는 일을 거의 하지 않으니 말이다. 다만 그는 이 두 가지 일을 올바르게 잘하지 못할 뿐이다. 그래서 만일 이러한 일을 올바르게 잘할 수 있도록 교육을 받는다면 충분히 관후한 사람이 될 수 있다. 이런 까닭에 그는 나쁜 성격을 가진 야비한 사람, 즉 사악한 사람이 아니라 다만 어리석은 사람일 뿐이다.

　방탕한 사람이 인색한 사람보다 훨씬 낫다고 생각되는 이유는, 방탕한 사람은 많은 사람에게 혜택을 주는 반면 인색한 사람은 아무에게도, 심지어 자기 자신에게도 이익을 주지 못하기 때문이다.

　그러나 방탕한 사람은 쓰고 싶기는 하나 쉽게 재물을 얻을 수 없기 때문에 대개 옳지 못한 데서 재물을 얻는다. 이런 점에서 보면 치사하고 인색하다고 할 수 있다. 또 그들은 명예 같은 것을 아예 문제삼지 않기 때문에 어디서든지 무턱대고 얻으려고 한다. 그들은 남에게 주려는 욕망은 가지고 있으나, 어디서 어떻게 재물을 취해야 하는가는 문제삼지 않는다.

　따라서 그들이 남에게 주는 것은 관후한 행위라고 할 수 없다. 그들은 고귀하지도 못하고, 고귀한 것을 목적으로 삼지도 않으며, 올바르게 행동하는 것도 아니기 때문이다. 뿐만 아니라 그들은 때로는 가난해야 할 사람들을 부자로 만들고, 훌륭한 인격을 가진 사람들에게는 아무것도 주지 않으며, 오히려 아첨하는 사람들에게 많은 것을 준다. 그런 의미에서 그들 대부분은 방종하다.

그들은 마구 소비하며, 여러 가지 방종한 일을 하기 위해 돈을 낭비하고, 또 고귀한 것을 목적으로 삼지도 않는다. 그러므로 방탕한 사람은 가르치지 않고 그대로 내버려 두면 위에서 말한 잘못된 방향으로 나아가게 되지만, 세심하게 주의를 기울여 가르치면 중간의 올바른 상태에 도달할 수 있다.

이제 인색에 대하여 알아보자. 인색한 성질은 방탕과는 달리 고칠 수 없고(나이가 들거나 능력이 줄어들면 사람들은 더 인색해지는 경향이 있다), 방탕한 성질보다 더 깊이 인간의 본성에 뿌리박혀 있다. 왜냐하면 대부분의 사람들은 남에게 돈을 주는 것보다 받는 것을 더 좋아하기 때문이다.

인색도 본래 두 가지, 즉 주는 일에서의 모자람과 얻는 일에서의 지나침에서 생겨나는데, 두 가지를 동시에 갖춘 완전한 인색은 거의 없고 대부분 두 가지로 나누어진다. 즉, 어떤 사람은 얻는 데서 지나치고, 또 어떤 사람들은 주는 데서 모자란다.

우리가 구두쇠, 수전노라고 부르는 사람들은 모두 주는 면에서 부족한 사람이지만, 남의 재물을 부러워하거나 탐내지는 않는다. 깍쟁이라든가 무엇이든지 몹시 아껴 쓰는 사람은 뒷날 돈이 없어 수치스러운 일을 당하지 않기 위해 어쩔 수 없이 돈을 아낀다고 말한다. 이들이 이런 이름을 얻은 것은 무엇이든지 남에게 주는 것을 지나치게 싫어하기 때문이다.

그런 한편 어떤 사람들은 남의 물건을 취하면 자기 자신의 물건도 쉽사리 빼앗기리라는 공포심에서 남의 물건에 손을 대지 않는다. 그러므로 이들은 다른 사람의 재물을 취하지도 않고, 또 자신의 재물을 다른 사람에게 주지도 않는다.

또 어떤 사람들은 무엇이든지, 그리고 어디서든지 얻기 때문에 너무 지나치게 재물을 얻는다. 예컨대 뚜쟁이와 같이 좋지 않은 영업을 하거나 적은 돈을 높은 이자로 빌려 주는 사람들이 여기에 속한다. 이런 사람들은 돈을 벌어선 안 될 곳에서 벌고, 가져야 할 분량 이상의 것을 가진다. 이들의 공통점은 이익에 대한 몹쓸 욕심이다. 이들은 모두 이익 때문에, 그것도 얼마 안 되는 이익 때문에 더러운 욕을 먹는다.

인색을 관후에 반대되는 것으로 이야기하는 것은 당연하다. 왜냐하면 사람들이 방탕보다는 인색한 면에서 더 많은 잘못을 저지르기 때문이다.

소비와 관련된 덕에는 무엇이 있을까?

이번에는 호탕에 대해 이야기하도록 하자. 호탕 역시 재물에 관한 덕으로 여겨진다. 그러나 호탕은 관후와는 달리, 소비 행위와만 관계가 있다. 그리고 그 소비 행위의 규모가 관후보다 훨씬 크다. 호탕은 '큰 규모에서의 알맞은 소비'이기 때문이다. 그러나 그 규모는 소비하는 사람, 그때의 사정, 그리고 소비 대상에 적절한 것이어야만 한다.

우리는 작은 일이나 별로 크지 않은 일에서 알맞게 소비하는 사람을 호탕한 사람이라고 부르지 않는다. 큰일에서 알맞게 소비하는 사람만을 호탕하다고 한다. 호탕한 사람은 관후하지만, 관후한 사람이라고 해서 반드시 호탕한 것은 아니다. 호탕한 성품이 부족하면 '쩨쩨하다'고 하고, 반대로 너무 많으면 '천박함', '과시성 소비' 또는 '지나친 사치'라고 한다. 이것은 마땅한 일에서 지나침으로 흐르는 것이 아니라, 옳지 못한 상황에서 옳지 못한 모습으로 지나치게 소비하는 것이기 때문이다.

호탕한 사람은 돈을 어떻게 써야 하는지를 잘 알고, 많은 비용을 적절히 사용하여 명예로운 일을 한다. 그리고 그러한 일을 매우 기쁜 마음으로 아낌없이 하며, 그는 어떻게 하면 가장 훌륭한 결과를 얻을 수 있는가에 대해 신중히 생각한다. 그러나 일을 마치려면 돈이 얼마나 들어가며 어떻게 해야 돈이 가장 적게 들어갈 것인지에 대해서는 생각하지 않는다. 그러므로 호탕한 사람은 반드시 관후하기도 하다. 관후한 사람도 마땅히 써야 할 비용을 마땅히 쓸 만큼만 쓰기 때문이다.

재물에서는 가장 값이 많이 나가는 것—예를 들어 황금 같은 것—

이 가장 귀하지만, 성과에서는 크고 아름다운 것이 빛난다. 호탕의 특징은 우리가 영광이라고 생각하는 일에 돈을 쓴다는 데 있다. 예를 들어 신들과 관계된 여러 가지 지출과 신들 외의 다른 어떤 숭배 대상을 위한 지출, 그리고 국가의 잔치를 크게 베풀어야 되겠다고 생각하는 것처럼 공공의 이익을 위해 베푸는 행위 등이다.

그러나 위에서 말했듯이, 어느 경우에서나 우리는 그 지출의 당사자를 기준으로 삼는다. 그리하여 그가 어떤 사람이며 어느 정도의 경제력을 가지고 있는가를 본다. 왜냐하면 지출은 그의 경제력에 맞아야 하고, 또 지출로 인해 생긴 성과만이 아니라 당사자에게도 어울리는 지출이어야 하기 때문이다.

따라서 가난한 사람은 호탕할 수가 없다. 그는 많은 금액을 멋들어지게 쓸 만한 경제력이 없기 때문이다. 그러면서도 굳이 그렇게 해 보려는 사람은 어리석은 사람이다. 올바른 지출만이 덕이 있는 일인데, 그는 자신이 쓸 수 있는 적당한 액수 이상을 쓰는 것이기 때문이다. 큰 지출은 자신의 노력에 의해, 또는 조상이나 친척에게서 물려받은 것이 있어 그만한 지출을 할 수 있는 경제력을 가지고 있는 사람들, 또는 명문귀족 출신의 사람들에게나 맞는 것이다. 그 정도의 사람이 되어야 규모가 큰 것과 값진 것을 아낌없이 베풀 수 있기 때문이다.

호탕한 사람은 자신의 일에 돈을 쓰지 않고 공공의 일에 돈을 쓴다. 개인적으로는 일생에 한 번밖에 없는 결혼식이나 이와 비슷한 경우에만 호탕하게 돈을 쓴다. 또 호탕한 사람은 자기 집을 꾸밀 때 자기의 재산에 알맞게 꾸미고(집도 일종의 공공 장식품이므로), 온갖 물건에 대해서도 알맞은 비용을 들일 것이다. 그들은 무엇을 만들든지 그 이상으로는 만들 수 없을 정도로 호탕하게 만들고, 그 지출도 보람 있게 한다.

반면에 지나치게 지출하는 천박한 사람은 작은 일에 적당한 정도 이상의 돈을 씀으로써 지나침으로 흐른다. 예를 들면 조그만 회식을 마치 결혼식 잔치나 하는 양 차리는 것은 명예를 위해서가 아니고 자기의 부를 자랑하기 위해서다. 그는 이런 것들로 자기가 존중받는다고 생각한다. 이런 사람은 많이 써야 할 곳에는 적게 쓰고, 적게 써야 할 곳에는 많이 쓴다.

이에 반해 쩨쩨한 사람은 무슨 일에나 비용을 적게 쓰려고 든다. 그리고 많은 비용을 들인 경우에도 사소한 일로 그 성과의 아름다움을 깨뜨려 버린다. 또 무슨 일을 하든지 망설이고, 어떻게 하면 돈을 가장 적게 쓸까 궁리하며, 그렇게 하고서도 끙끙 앓는다. 그리고 무슨 일을 하든지 자기가 쓸 수 있는 돈 이상으로 쓰고 있다고 생각한다. 그러나 이런 성품은 악덕이긴 하지만 수치스러운 것이라고는 할 수 없다. 왜냐하면 이렇게 하는 것이 이웃 사람들에게 피해를 주거나 아주 보기 흉한 것은 아니기 때문이다.

4. 긍지

긍지는 명예와 관계되는 중용으로, 자부심과 비슷하다. 명예는 특히 사람들과의 관계에서 중요하게 여겨진다. 긍지 있는 사람은 자기 자신의 가치를 잘 파악하여서 두르거나 흥분하는 일 없이 고귀하고 선한 일을 행하는 사람으로, 자신을 귀하게 여긴다.

반면에 긍지가 지나친 경우에는 자신의 진정한 가치보다 더 높게 자신을 평가하여 거만해지고, 긍지가 부족한 경우에는 자신의 가치보다 자신을 낮게 여겨 비굴해지며, 남의 평가를 중요하게 여겨 명예롭지 못한 모습을 보이게 된다.

긍지에 더 반대되는 것은 거만보다는 비굴이다. 비굴이 거만보다 더 흔하고 좋지 않기 때문이다. 그렇다고 거만이나 비굴이 악덕한 것은 아니다. 다만 생각이 잘못되었을 뿐이다.

긍지는 무엇일까?

명예와 관련이 있는 중용은 긍지다. 긍지는 '정신이 크다.'라는 뜻으로, 자부심과 비슷하다고 할 수 있다. 긍지 있는 사람은 자신이 큰일에 잘 어울린다고 생각하며, 또 실제로도 그런 사람이다. 자신의 가치를 과대평가하는 사람은 어리석은 사람이지만, 자기의 덕에 비추어 자신의 가치를 생각하는 사람은 어리석은 사람도, 이성이 없는 사람도 아니다. 작은 일에 잘 어울리고, 또 스스로도 그렇게 생각하는 사람은 절제하는 사람이기는 해도 긍지 있는 사람은 못

된다. 마치 조그마한 사람이 단아하고 어여쁠 수는 있으나 아름다울 수는 없듯이, 긍지에는 큰 것과 관련이 있는 위대함이 포함되어 있다.

한편 자기 스스로 큰일에 어울린다고 생각하지만, 사실은 그렇지 않은 사람을 거만한 사람이라고 한다. 물론 자신의 가치 이상으로 자신을 생각하는 사람이라고 해서 다 거만한 것은 아니다. 반면에 자신의 진정한 가치보다 자신을 낮게 생각하는 사람은 비굴한 사람이다. 그의 진정한 가치가 대단히 크든, 그저 보통쯤 되든, 또는 그 가치는 작은데 그보다 더 낮게 자신을 생각하든 간에 자신의 진정한 가치보다 못하게 스스로를 평가하는 것은 비굴한 사람이 하는 짓이다. 그리고 그의 가치가 크면 클수록 비굴함도 더욱 커진다.

그러므로 긍지 있는 사람은 자부심이 크다는 데에 있어서는 극단이지만, 그 자부심이 옳다는 점에서는 중용이다. 그렇기 때문에 긍지 있는 사람의 자부심은 그 가치에 마땅한 것인 데 반해, 거만한 사람이나 비굴한 사람은 지나침이나 모자람으로 흐른다.

긍지 있는 사람이 특히 관심을 기울이는 것은 명예다. 명예는 겉으로 나타나는 선들 가운데 가장 큰 것이다. 비굴한 사람은 자신의 진정한 가치에 비하여, 또는 긍지 있는 사람의 자부심에 비하여 부족한 사람이다. 반면에 거만한 사람은 자기 자신의 진정한 가치에 비하여 지나치게 자신을 평가하지만, 긍지 있는 사람의 자부심에는 미치지 못하는 사람이다.

긍지 있는 사람은 가장 큰 가치를 지닌 사람이므로 반드시 최고로 선한 사람이다. 왜냐하면 보다 선한 사람은 보다 큰 가치를 지니며, 가장 선한 사람은 가장 큰 가치를 지니기 때문이다. 그러므로 '선하지 않으나 긍지 있는 사람'이란 말은 있을 수 없다. 자기의 무기를 내버리고 도망치거나 남에게 해를 끼치는 일은 긍지 있는 사람에게는 어울리지 않는다. 그러고 보면 긍지는 온갖 덕 가운데 일종의 왕관 같은 것으로 생각된다. 그렇기 때문에 참으로 긍지 있는 사람이 되기는 힘들다. 왜냐하면 그것은 고귀하고 선한 성격 없이는 불가능하기 때문이다.

긍지 있는 사람은 무엇보다도 큰 명예에 관심을 두고, 사소한 명예는 무시한다. 그러므로 부나 권세, 그리고 모든 행운이나 불운에 대해서 자기의 마음을 잘 가눈다. 그래서 행운을 만나도 지나치게 좋아하지 않고, 불운을 만나도 지나치게 괴로워하지 않는다. 그는 명예에 대해서도 그것이 큰일이나 되는 것처럼 처신하지 않기 때문이다. 권세나 부는 명예를 주기 때문에 바람직하다고 여겨지지만, 명예조차 사소한 것으로 여기는 이러한 사람에게 다른 것들은 더욱 보잘것없는 것이다. 그래서 긍지 있는 사람을 거만하다고 여기는 사람들도 있다.

행운으로 생기는 여러 가지 좋은 조건도 역시 긍지를 지니는 데 도움이 된다. 왜냐하면 좋은 집안에 태어난 사람은 존경을 받기에 마땅하다고 생각되며, 또 권세나 부를 누리는 사람들도 그렇게 생각되기 때문이다. 그리고 이런 것들을 가진 사람들을 존경하는 사람이 종종 있기 때문이다.

그러나 사실은 선한 사람만이 존경을 받아야 한다. 물론 좋은 조건들도 가지고 있으면서 선한 사람은 더욱 존경받을 만하다. 하지만 덕이 없으면 그러한 좋은 조건들도 아무 소용이 없다. 좋은 조건들을 가졌으나 덕이 없는 사람은 거만하고 예의가 없다. 그는 남보다 우월하다는 생각으로 남을 무시하고 제멋대로 행동한다. 긍지 있는 사람이 남을 무시하는 경우에는 그의 생각이 옳기 때문에 정당하지만, 세상 사람들은 정당한 이유 없이 남을 무시하는 경우가 많다.

긍지 있는 사람은 하찮은 위험에 뛰어들지 않으며, 위험에 처하는 것을 좋아하지도 않는다. 그러나 큰 위험이 닥쳤을 때는 몸소 나아가 목숨을 아끼지 않는다. 왜냐하면 그는 어떤 조건(상황, 때)에서는 목숨보다 더 중요한 것이 있다는 것을 알기 때문이다. 그리고 남에게 베풀기를 좋아하고, 남에게 도움 받는 것을 부끄럽게 여긴다. 그러나 만약 도움을 받으면 그보다 더 큰 도움을 주고자 한다. 또 아무것도 요구하지 않고 스스로 남을 도와주며, 강한 사람 앞에서는 위엄 있고 약한 사람 앞에서는 겸손하다.

뿐만 아니라 긍지 있는 사람은 세상에서 흔히 명예롭다고 여기는 것들을 목표로 삼지 않고, 크고 고귀한 일을 목표로 삼는다. 그리고 미워하고 사랑하는 것에 늘 솔직하다. 자신의 감정을 감추는 것, 즉 자신의 감정을 솔직히 드러내지 않고 사람들이 어떻게 생각할까에 더 관심을 기울이는 것은 비겁하다고 생각하기 때문에 솔직하게 말하고 솔직하게 행동한다.

그는 자기의 생활에서 남을 중심으로 생각하지 않는다. 그건 노예의 특징이기 때문이다. 따라서 모든 아첨꾼은 노예와 비슷하므로 자존심이 없는 사람이다.

긍지 있는 사람은 또한 그다지 감탄하는 일이 없다. 그에게는 어떤 것도 크게 문제가 되지 않기 때문이다. 그리고 온갖 언짢은 일을 기억하지도 않으며, 소문을 좋아하거나 농담을 즐기지도 않는다. 남의 칭찬이나 욕에 별로 신경을 쓰지 않으므로, 자신이나 남에 관해서 말하지 않는다. 또한 무턱대고 남을 칭찬하거나, 남을 나쁘게 말하지도 않는다. 그는 이익이 많고 쓸모가 있는 것들보다는 오히려 이익은 없지만 고귀한 것들을 추구한다.

긍지 있는 사람의 모습을 그려 보면, 아마도 조용한 걸음걸이와 차분한 음성, 침착한 말투가 잘 어울릴 것이다. 웬만한 일에 대해서는 대단하다고 여기지 않는 사람은 서두르거나 흥분하는 경우가 별로 없으니 말이다. 이에 비해 날카로운 음성과 빠른 걸음걸이는 서두름과 흥분의 결과라고 할 수 있다.

긍지와 관련된 것에는 무엇이 있을까?

긍지가 부족하면 비굴하고, 지나치면 쓸데없이 거만하다. 그러나 이 두 가지를 악이라고 할 수는 없다. 다만 생각이 잘못되었을 뿐이다. 비굴한 사람은 여러 가지 선한 일을 할 수 있음에도 자신의 진정한 가치를 스스로 낮추어, 자신이 그런 일에 맞지 않는다고 생각하여 자신에 대해서 잘못을 저지른다. 이런 사람은 어리석다기보다는 오히려 지나치게 소극적이라고 할 수 있다.

한편 거만한 사람은 자기 자신을 모르는 어리석은 사람이다. 그는 그만한 가치를 지니지 못했음에도 명예로운 일에 손을 댄다. 그러나 금방 실력이 드러나고 만다. 그리고 옷이나 보석이나 그 밖에 이와 비슷한 것들로 자신을 꾸미고, 자신에게 다가온 행운의 여러 가지 결과를 널리 자랑함으로써, 사람들이 자신을 존경해 줄 것이라고 생각한다. 그러나 거만보다는 비굴이 긍지와 더 반대된다. 왜냐하면 비굴이 더 흔하고 좋지 않은 것이기 때문이다.

한편 명예와 관련해서, 큰일이 아니라 평범하고 사소한 일에 올바르게 처신하도록 해 주는 덕이 있다. 재물을 주고받는 일에 중용과 지나침과 모자람이 있듯이, 명예를 바라는 일에도 적당한 정도와 모자란 정도가 있고, 또 그것을 얻기 위한 마땅한 방법이 있다. 예를 들어 적당한 정도 이상으로, 그리고 옳지 않은 곳에서 명예를 얻으려 하는 사람은 야심가라 하여 비난받으며, 고귀한 이유가 있음에도 불구하고 명예를 얻으려 하지 않는 사람도 야심 없는 사람이라 하여 비난받는다.

그러나 때로는 야심가를 사내답다 하여, 또는 고귀한 일을 사랑한다 하여 칭찬한다. 반대로 야심 없는 사람을 부드럽고 자제할 줄 안다고 하여 칭찬하기도 한다. '무엇을 좋아한다.'는 것은 한 가지 이상의 뜻을 가지고 있으므로, 명예를 좋아하는 마음인 '야심', 즉 '명예욕'이란 말은 언제나 똑같은 뜻이 아니다. 그런데 사람들은 이 성질을 칭찬할 때에는 명예를 대부분의 사람들보다 더 사랑하는 사람을 생각하고, 반면에 이 성질을 비난할 때에는 명예를 지나치게 사랑하는 사람을 생각한다.

명예와 관련된 중용의 상태를 나타내는 특별한 표현은 없다. 그러나 지나침과 모자람이 있으므로 당연히 그 중간도 있을 것이다. 하여튼 명칭은 없지만, 이것은 명예에 관한 중용인 까닭에 칭찬받는 성품이다.

5. 온화함

우리는 생활 속에서 화를 내는 경우가 많다. 그런데 똑같은 상황에서 어떤 사람은 불같이 화를 내고, 어떤 사람은 거의 화를 내지 않는다. 이렇게 화를 내거나 노여워하는 일과 관련된 중용이 바로 온화함이다. 즉, 마땅히 화를 내야 할 때 마땅한 정도로 화를 내는 것이 온화함이며, 노여움을 표현하는 올바른 태도다. 이에 비해 지나치게 화를 내는 것은 성급함이라 할 수 있고, 화를 내는 데에 모자란 것은 무성미라고 할 수 있다. 온화함에 대해서 더 반대되는 것은 성급함이다. 성급함이 더 흔하고, 성급한 사람이 더 거북한 사람이기 때문이다.

온화함은 노여움과 관계된 중용이다. 사실 온화함이라는 말은 모자람 쪽에 가까운 것이지만, 여기에 꼭 알맞는 명칭이 없고 양 극단에도 적절한 명칭이 없기 때문에 온화함으로 중간 상태를 나타내고자 한다. 앞에서 말했듯이 모자란 쪽에도 적절한 명칭이 없다. 다만 지나친 쪽은 '성급함', 곧 '화를 잘 냄'이라고 부를 수 있다.

당연히 노여워해야 할 일에 대해서, 당연히 노여워해야 할 사람에게, 적당하게, 적절한 때에, 적당한 시간 동안 노여워하는 사람은 칭찬받는다. 이런 사람이 온화한 사람이요, 그의 온화함은 칭찬을 받는다. 즉, 온화한 사람은 쉽사리 마음이 흔들리지 않으며, 감정에 좌우되지 않고, 순리에 따라 옳은 태도로 노여워해야 할 일에 적당한 시간 동안만 노여워한다.

그러나 따져 보면 그는 오히려 모자란 방향에서 잘못을 저지르는 것으로 보이기도 한다. 왜냐하면 온화한 사람은 원수를 갚기보다는 오히려 너그럽게 용서하는 사람이기 때문이다.

온화함의 모자람은 그것을 '화를 잘 안 냄', 즉 '무성미' 또는 '화낼 줄 모름' 등 어떤 것으로 부르든 간에 모두 비난을 받는다. 왜냐하면 노여워해야 할 일에 대해서 노여워하지 않는 사람은 바보라고 할 수 있기 때문이다. 또 올바른 자세로, 마땅한 때에, 노여워해야 할 상대방에 대해서 노여워하지 않는 사람도 바보다. 왜냐하면 이런 사람은 감각도 없고 고통도 느낄 줄 모르며, 더 나아가 자기 자신을 지키지도 못할 사람이기 때문이다.

모욕을 당하고도 참고, 친구가 모욕을 당하는데도 참는 사람은 노예와 마찬가지다. 반대로 노여워할 것이 못 되는 일에 노여워하고, 지나치게, 그리고 오래 노여움을 품으며, 복수를 하거나 처벌을 할 때까지 노여움을 풀지 않는 사람을 우리는 '성질이 나쁜' 사람이라고 부른다.

성질이 나쁜 사람은 화를 빨리 내고, 화를 낼 만한 상대가 아닌 사람이나 일에 대해서 지나치게 화를 내며, 또한 그들의 노여움은 쉽게 가라앉는다. 그들이 이렇게 되는 까닭은 성질이 급해서 노여움을 누르지 않고 드러내 놓고 화풀이를 하기 때문이다. 화를 잘 내는 사람은 감정 표현이 격렬하고, 성질이 급하며, 무슨 일에 대해서나 걸핏하면 노여워한다.

온화함의 덕과 비교해서 더 나쁜 것은, 노여움이 부족한 것보다는 오히려 지나친 것이다. 세상에는 화를 내는 경우가 더 흔하고, 이런 사람들과 더불어 사는 것이 더욱 거북하기 때문이다.

어떻게, 누구에게, 무엇에 대해, 얼마 동안이나 노여움을 품을 것인가, 그리고 어디까지가 올바른 행동이고 어디부터가 그릇된 행동인가를 결정하는 것은 쉽지 않다. 사실 지나친 쪽이나 모자란 쪽으로 조금밖에 치우치지 않은 사람은 비난을 받지 않는다. 어떤 때는 모자란 사람들을 칭찬하여 온화한 사람이라 부르고, 어떤 때는 지나친 사람들에게 남을 통솔하는 능력이 있다고 하면서 사내답다고도 하기 때문이다.

여기에 대한 판단은 각각의 사실들과 이것들을 어떻게 보는가에 달려 있다. 그러나 적어도 중간의 상태가 칭찬할 만한 것임은 분명하다. 당연히 노여워해야 하는 사람에게, 그리고 그런 일들에 대해 당연한 태도로 노여워하는 것은 칭찬할 만한 것이다.

6. 사고상의 덕

　인간은 혼자서 살아갈 수 없고 다른 사람들과 어울려 살아간다. 우리도 가족, 친구, 선생님, 또는 사회에서 만난 여러 사람들과 관계를 맺고 있다. 그런데 이런 사회생활에서 어떤 사람은 남들과 좋은 만남을 가져 인생을 즐겁게 살아가는 데 비해, 어떤 사람은 남들이 별로 좋아하지 않거나 가까이하기를 싫어하는 경우도 있다. 그럼 어떻게 해야 다른 사람들과 어울려 잘 살아갈 수 있을까? 아리스토텔레스는 이를 위해 필요한 중용의 덕을 우애, 진실함, 재치라고 하였다. 그리고 그에 대한 지나침은 아첨, 허풍, 익살이고 모자람은 버릇 없음, 거짓 겸손, 무뚝뚝함이라고 하였다.

우애는 무엇과 관계되는가?

　사람들과 사귈 때, 즉 사회생활을 하거나 다른 사람과 만날 때 지나치게 다른 사람의 비위를 잘 맞추는 사람들이 가끔 있다. 이런 사람들은 상대방을 기쁘게 해 주기 위해서 무엇이든지 칭찬만 하고 반대하는 일이 없으며, '자신이 만나는 사람들에게 절대로 괴로움을 주지 않는 것'을 삶의 목표로 삼는다. 한편 이런 사람과는 반대로 무엇이든지 덮어놓고 반대하며, 남을 괴롭히는 것을 아무렇지 않게 생각하는 사람들도 있다. 이러한 모습은 둘 다 좋지 않으며, 오히려 그 중간 상태가 칭찬할 만하다.

이 중간 상태란 칭찬할 만한 것은 올바르게 칭찬하고, 꾸짖을 만한 것은 올바른 태도로 꾸짖는 것을 말한다. 이 상태를 나타내는 정확한 표현은 없지만, 우애가 가장 비슷하다고 할 수 있다. 왜냐하면 여기서 더 나아가 사랑하는 마음이 생기면 좋은 친구가 될 수 있기 때문이다. 그러나 이것은 상대에 대한 사랑을 처음부터 가지고 있는 것이 아니므로 우정과는 다르다. 즉, 이러한 상태인 사람이 모든 일에 올바른 태도로 임하는 것은 누구를 미워하거나 사랑해서가 아니라, 그렇게 행동하는 것이 옳다고 생각하기 때문이다.

그는 아는 사람이나 모르는 사람이나, 친한 사람이나 그렇지 않은 사람이나 모두 똑같이 대하며, 상황에 따라 적절하게 대응한다. 일반적으로 말해 그는 사람들과 바르게 사귀는 사람이다. 그는 사람 사이의 관계에서 생기는 여러 가지 즐거움과 고통에 관심을 두지만, 고귀함과 유익함을 가장 중요하게 생각한다. 그래서 상대방을 즐겁게 하는 것이 명예롭지 못하거나 해로울 경우에는 오히려 고통을 주는 것을 택한다.

그는 상대방에게 될 수 있는 대로 즐거움을 주려 하지만, 결과를 더 중요하게 생각하기 때문에 명예와 유익함을 얻을 수 있는 방향으로 행동한다. 또 미래의 더 큰 즐거움을 위하여 현재의 고통을 견뎌낸다. 그리고 교제하는 상대방의 신분과 처지에 따라 알맞게 행동한다. 바로 이러한 사람이 중용의 덕을 갖춘 사람이다. 하지만 이에 해

당하는 적당한 명칭은 아직 없다.

이제 이와 반대되는 두 가지 경우를 살펴보자. 먼저 남을 기쁘게 해 주는 것을 중요하게 생각하는 사람 가운데 다른 생각 없이 그저 기쁘게만 해 주는 것이 목적인 사람은 지나치게 다른 사람의 비위를 잘 맞추는 사람이다. 그리고 돈이나 다른 어떤 이익을 위해 그렇게 하는 사람은 아첨꾼이다. 한편 앞에서 말했듯이 무슨 일에 대해서나 덮어놓고 반대하며, 남을 괴롭히는 것을 아무렇지 않게 생각하는 사람은 버릇 없는 사람 또는 말썽꾸러기다. 우애에 대해서는 뒤에서 더욱 자세히 알아볼 것이다.

진실성이 왜 필요할까?

이제는 말이나 행동 또는 어떤 주장을 할 때, 진실을 추구하는 사람과 거짓을 추구하는 사람을 살펴보기로 하자. 허풍선이는 사람들이 좋게 생각하는 것을 갖고 있지도 않으면서 갖고 있는 척하거나, 실제로 자기가 가진 것 이상으로 가진 체하는 사람이다. 이와 반대로 겸손을 가장하는 사람(자신이 속에 생각하는 것보다 적게 말하는 사람)은 자기가 가진 것을 아예 부정하거나 낮추어 말하는 사람이다.

한편 이것들의 중용을 지키는 사람은 타고난 그대로의 사람이며, 행동이나 말에서 자기가 가진 것만을 자기의 것이라 말하고 그 이상도 그 이하도 자기 것으로 내세우지 않는 사람이다.

　그렇기 때문에 진실성 있는 사람은 중용의 상태에 있음으로 칭찬받을 만하고, 두 가지 형태의 진실성 없는 사람들은 비난받을 만하다. 특히 허풍을 떠는 사람은 더욱 많은 비난을 받아 마땅하다. 왜냐하면 거짓은 그 자체로서 비열하고 비난할 만한 것이고, 진실은 고귀하고 칭찬할 만한 것이기 때문이다.

　이제 좀 더 자세히 진실성 있는 사람과 진실성 없는 사람에 대해 살펴보자. 먼저 진실성 있는 사람에 대해 생각해 보자. 여기서 말하는 진실성은 자신이 맺은 약속이나 계약을 얼마나 진실하게 지키느냐의 문제가 아니라, 자신과 아무 상관 없는 일들에서도 얼마나 공정하게 행동하는가와 관계있는 것이다. 왜냐하면 자기의 운명에 아무런 영향을 주지 않는 경우에도 진실하게 행동하는 사람이라면, 다른 어떤 중대한 일이 생겼을 경우 더욱 진실하게 행동할 것이기 때문이다. 그는 허위 그 자체를 싫어하므로, 자신의 운명이 좌우되는 중요한 순간에는 더욱더 그런 허위를 피할 것이다. 그리고 그는 진실을 말할 때에도 약간 소극적으로 말하는 경향이 있는데, 이렇게 하는 것이 오히려 더 속이 깊어 보인다.

　별 뜻 없이 과장되게 보이려 하는 사람은 멸시를 받아 마땅하지만, 이런 사람은 악한 사람이기보다는 허튼 사람으로 보인다. 그러나 어떤 목적이 있어서 큰소리친다면 사정은 달라진다. 세상의 호평이나 명예 때문에 큰소리치는 사람은 그래도 좀 낫지만, 돈이나 돈으로 바꿀 수 있는 것들 때문에 큰소리치는 사람은 추악하다. 이것은 마치 거짓말하는 것 자체를 좋아하기 때문에 거짓말하는 사람과 세상의 칭찬이나 이익 때문에 거짓말하는 사람을 구별하는 것과 비슷하다.

세상의 칭찬 때문에 허풍을 떠는 사람들은 남한테서 칭찬이나 축하 인사를 받을 만한 여러 가지 성품을 가지고 자랑한다. 이에 비해 이익을 얻으려는 사람들은, 다른 사람들의 존중을 받지만 사실 자신은 그런 것들을 가지고 있지 않다는 것이 쉽게 드러나지 않는 여러 가지 성품—예를 들어 예언자, 현인, 의사의 능력—을 자랑한다. 바로 이 때문에 대부분의 사람들이 이런 능력을 가진 듯이 큰소리치며 자랑하는 것이다.

겸손한 척하는 사람들, 즉 모든 일을 사실보다 낮추어 말하는 사람들은 성격상 더 매력 있어 보인다. 그들은 이익을 위해 그렇게 하는 것이 아니라, 자랑하지 않기 위해 그렇게 하는 것으로 여겨지기 때문이다.

별것도 아닌 일이나 뻔한 일을 못마땅하게 말하는 사람들은 비난을 받는데, 이런 사람들은 가끔 허풍선이로 보일 때도 있다. 지나치거나 크게 모자라는 것은 모두 허풍을 떠는 것이다. 그러나 정당하게 자기를 낮추는 사람은 멋있는 사람이다. 진실성 있는 사람과 대립되는 사람은 허풍선이다. 왜냐하면 허풍선이가 더 나쁘기 때문이다.

재치는 왜 필요할까?

우리 삶은 일과 휴식으로 이루어진다. 사람들은 휴식 중에 사람들과 사귀면서 위안을 얻기도 한다. 그렇게 사람을 사귀면서 말을 하거나 남의 말에 귀를 기울일 때는 마땅히 말할 것과 귀를 기울여야할 것이 있으며, 또 마땅한 태도가 있다. 이것은 우리가 어떤 사람에게 말하고 있는가, 어떤 사람의 말에 귀를 기울이고 있는가에 따라차이가 있다. 따라서 여기에도 당연히 중용, 지나침, 모자람이 있다.

지나치게 익살을 부리는 사람은 속없는 익살 광대로 보인다. 이들은 무턱대고 익살을 부려 사람들을 웃기려고만 하며, 무엇이 그 자리에 적합한지, 또는 웃음거리가 되고 있는 사람에게 고통을 주지는않는지에 대해 조금도 상관하지 않는다.

이와는 반대로 농담할 줄도 모르고, 남의 농담을 참고 들어줄 줄도 모르는 사람은 무뚝뚝한 사람이라고 할 수 있다. 그러나 멋들어진 농담을 할 줄 아는 사람은 재치 있는 사람이라 불린다. 이것은 임기응변의 재주를 의미한다. 그런데 대부분의 사람들이 재미있는 일과 농담을 적당한 정도 이상으로 즐기는 까닭에 익살꾼이 재치 있는사람이라고 불리기도 한다. 왜냐하면 익살꾼도 재미는 있는 사람이기 때문이다. 그러나 이것은 옳지 않다.

이 중간 상태에는 의젓함이 있다. 의젓한 사람, 또는 점잖은 사람은 좋은 교육을 받고 자란 사람답게 말하며, 그런 것에 귀를 기울인다. 점잖은 사람의 농담은 그렇지 못한 사람의 농담과 다르며, 교육 받은 사람의 농담은 교육받지 못한 사람의 농담과 다르다. 그가 하는 농담은 천박하지 않고, 은근히 비치는 풍자와 같다. 그가 귀를 기울이는 농담도 역시 그가 말하는 농담과 같은 종류다. 그러나 그는 야유와 같은 농담은 절대로 하지 않는다. 야유는 일종의 우롱이기 때문이다. 따라서 의젓한 사람이라 부르건, 재치 있는 사람이라 부르건 이러한 사람이 바로 중용을 지키는 사람이다.

반면에 익살꾼은 자기 해학의 노예다. 그는 남을 웃길 수만 있다면 자신이나 남을 신경 쓰지 않는다. 심지어는 교양 있는 사람이라면 절대로 입에 올리거나 귀 기울이지 않을 말까지도 한다. 그리고 무뚝뚝한 사람은 사교에서 아무 쓸 데가 없다. 그는 사교에 기여하는 바도 전혀 없이 모든 일을 언짢게 여기기 때문이다. 그러나 휴식과 오락은 삶에서 꼭 필요한 것이므로 무뚝뚝한 사람은 올바르다고 할 수 없다.

이상에서 말한 것처럼 삶에서 사람들과 사귈 때 필요한 중용은 세 가지다. 그리고 이 셋은 모두 사람의 행위와 관계가 있다. 하지만 그 가운데 하나(진실성)만 진실과 관계되고, 다른 두 가지(우애, 재치)는 유쾌함과 관계된다는 점에서 다르다. 유쾌함과 관계되는 이 두 가지 중용 가운데 하나는 인생의 사회적 관계에서 발휘되고, 다른 하나는 농담에서 발휘된다.

7. 수치심, 부끄러움을 아는 것

앞에서 살펴본 덕 외에 특히 젊은이에게 필요한 것이 바로 수치심이다. 수치심은 자기 잘못을 부끄럽게 여기는 것이다. 젊은이들은 아직 덕이 완성되지 않았기 때문에 감정에 치우쳐 잘못을 저지르기 쉽다. 따라서 잘못에 대하여 부끄러워할 줄 알아야 한다. 자신의 잘못을 부끄러워하는 마음이 있으면 그것을 고칠 수 있다. 그래서 맹자도 부끄러움을 아는 마음인 '수오지심'이 의로움의 발단이라고 했던 것이다. 그러므로 우리는 자기 잘못을 부끄러워해야 하며 자기 행동을 항상 되돌아봐야 한다.

수치심(염치)을 하나의 덕으로 보기는 어렵다. 왜냐하면 그것은 성품이라기보다 감정에 가깝기 때문이다. 그래서 수치심을, 위험에 처했을 때 우리가 느끼는 공포심과 비슷하게, 불명예에 대하여 느끼는 공포라고 정의할 수 있다. 수치심을 느낀 사람은 얼굴이 붉어지고, 죽음을 무서워하는 사람은 얼굴이 창백해진다. 그러므로 이 둘은 어떤 의미에서는 신체적인 것으로 여겨지며, 따라서 성품보다는 오히려 감정에 속한다.

수치심은 모든 나이의 사람에게 어울리는 것은 아니고, 다만 젊은이들에게 어울리는 것이다. 젊은 사람들은 감정에 치우치는 경우가 많아 잘못을 많이 저지르는데, 수치심이 이것을 억제해 준다.

또한 우리는 수치심이 있는 젊은이들은 칭찬하지만, 나이를 먹은 사람이 부끄러워할 줄 안다고 해서 그를 칭찬하지는 않는다. 나이를 먹은 사람은 부끄러움을 느낄 만한 일을 해서는 안 된다.

부끄러움은 좋지 못한 행위의 결과이기 때문에 좋은 사람에게는 속할 수 없다. 그러니 좋지 못한 행위를 저질러서는 안 된다. 그것이 진짜로 추악한 행위이건, 그저 일반적으로 보기에 추악한 행위이건 마찬가지다. 어떤 것이든 이러한 행위를 하는 것은 좋지 못한 사람의 특징이다.

그런데 부끄러운 행동을 하고 나서 부끄럽다고 느끼고, 나아가 부끄러움을 느끼기 때문에 선한 사람이라고 생각하는 것은 앞뒤가 맞지 않는다. 선한 사람은 자신의 의지로는 절대로 나쁜 행동을 하지 않기 때문이다. 부끄러워할 줄 모르는 것―즉, 비열한 행동을 하고서도 부끄러워하지 않는 것―이 나쁜 일이라고 해서 나쁜 행동을 하고 부끄러워하는 것이 좋은 일이 될 수는 없다.

8. 정의

우리가 누군가를 정의로운 사람이라고 할 때, 과연 그 사람의 어떤 모습을 보고 정의롭다고 말하는 것일까? 대개 그것은 옳은 일을 하고, 올바르지 못한 행위를 바로잡으려는 것과 관계가 있다. 또한 법을 통해 우리가 실현하고자 하는 것도 정의다. 왜냐하면 법은 공동체 전체를 위해 만들어지기 때문이다. 따라서 법을 잘 지키는 것이 정의이고, 법을 어기는 것은 정의롭지 못함이다. 이런 의미에서 보면 정의는 덕 가운데 유일하게 '다른 사람을 위한 선'이라고 볼 수 있다. 그런데 사람들은 모두의 선보다는 자신의 이익을 추구한다. 그래서 정의는 부분적인 정의로 구분할 수 있다. 즉, 명예와 돈, 공동 소유물같이 공동체에서 분배되는 것과 관계되는 분배 정의, 사람들 사이의 관계를 조정하고 바로잡는 시정 정의, 교환 관계에서의 균등을 추구하는 교환 정의, 공동체에서의 균등한 자유와 관련된 정치적 정의가 그것이다.

정의의 뜻은?

먼저 정의(正義)는 어떤 행위와 관계가 있으며, 어떤 종류의 중용인지 살펴보도록 하자. 일반적으로 사람들은 정의를 사람들로 하여금 옳은 일을 하도록 하고, 옳게 행동하게 하며, 또 옳은 것을 원하게 하는 성품이라고 생각한다.

그런데 어떤 한 상태에 대해 잘 알기 위해서는 그것에 반대되는 것이나 반대되는 상태에 있는 것을 살펴보는 게 도움이 되는 경우가 있다. 예를 들어 '건강'이 무엇인지 알고자 할 때, '건강하지 못한 것'이 무엇인지 알아봄으로써 건강에 대해 더 잘 알 수도 있다. 만일 '건강하지 못한 것'이 근육이 단단하지 않은 것이라면, '건강'은 근육이 단단한 것이 된다.

그러므로 정의의 뜻을 알기 위해 먼저 정의롭지 못한 여러 가지 모습을 살펴보고자 한다. 법을 지키지 않는 사람, 욕심이 많고 불공정한 사람은 모두 정의롭지 못하다고 생각된다. 따라서 법을 지키는 사람과 공정한 사람은 정의로운 사람이다. 이렇게 보면 법을 따르지 않는 사람은 정의롭지 못한 사람이고, 법을 따르는 사람은 정의로운 사람임이 분명하다.

그런데 법은 경우에 따라 모든 사람들, 또는 가장 훌륭한 사람들이나 권력을 쥐고 있는 사람들의 공동 이익을 위해 제정된다. 그러므로 어떤 의미에서 보면 국가 공동체를 행복하게 만드는 조건들이 많아지게 하는 행위를 옳은 행위라고 할 수 있다.

법은 우리에게 용감하고 절제하며 온화하게 행동하라고 명령한다. 마찬가지로 다른 덕과 악덕에 관해서도 어떤 일은 하도록 명령하고, 어떤 일은 하지 말라고 금지한다. 물론 바르게 잘 만들어진 법은 그 일을 올바르게 명령할 것이고, 엉성하게 만들어진 법은 그에 비해서는 덜 올바르게 명령할 것이다.

이런 의미에서 정의는 우리 이웃과의 관계에서 완전한 덕이며, 가끔 모든 덕 가운데 가장 큰 덕으로 여겨진다. 그래서 "정의 속에는 모든 덕이 다 들어 있다."라는 속담이 있을 정도다. 이처럼 정의의 덕이 완전한 까닭은 그 덕을 가진 사람이 그 덕을 자신만을 위해서가 아니라 자기의 이웃을 위해서도 쓸 수 있기 때문이다.

이런 이유로 모든 덕 가운데 정의만이 '다른 사람을 위한 선'으로 여겨진다. 정의는 지배자이건 동료이건 관계없이 다른 사람을 이롭게 하는 것이다. 그리하여 최악의 사람은 자신의 악함을 자신뿐만 아니라 자기 친구들에게까지 미치는 사람이고, 반대로 최선의 사람은 자신의 덕을 자기 자신은 물론 다른 사람 모두에게까지 미치는 사람이다. 이런 의미에서 정의는 덕의 일부가 아니라 덕 전체라고 할 수 있다. 따라서 정의에 반대되는 정의롭지 못함은 악덕의 일부가 아니라 악덕 전체다.

그러나 여기서 우리가 탐구하려는 것은 덕의 전체로서의 정의가 아니라 덕의 한 부분으로서의 정의다. 정의롭지 못한 행위는 어떤 특수한 악덕에서 생겨난다. 즉, 간음은 방종에서 생겨나고, 싸움터에서 전우를 버리고 도망치는 것은 비겁에서 생겨나며, 폭행은 분노에서 생겨난다. 그러나 어떤 사람이 이익을 위해 행동하는 경우, 그것은 다른 어떤 악덕에서 생기는 것이 아니라 다만 정의롭지 못함에서 생겨나는 것이다.

따라서 넓은 의미의 정의롭지 못함과 좁은 의미의 정의롭지 못함을 구분할 수 있다. 좁은 의미의 정의롭지 못함은 명예나 금전과 관계되고 그 동기가 이익에서 오는 쾌락이지만, 넓은 의미의 정의롭지 못함은 선한 사람과 관련된 모든 일과 관계가 있다. 그러므로 우리는 부분적인 정의와 부분적인 정의롭지 못함에 대해, 그리고 부분적인 옳음과 부분적인 옳지 않음에 대해 말하지 않으면 안 된다.

그럼 부분적인 정의와 이에 대응하는 옳음에는 어떤 것이 있는지 살펴보자.

첫째, 명예나 돈, 이 밖에 분배할 수 있는 것들을 분배하는 데 있어서의 정의가 있다. 이 경우에는 한 사람이 다른 사람과 균등하게 받을 수도 있고, 불균등하게 받을 수도 있다.

둘째, 사람 사이의 관계를 조정하고 바로잡는 구실을 하는 정의가 있다. 이 정의는 다시 둘로 나뉜다. 그 하나는 서로 간의 합의에 의한 것으로 판매, 구매, 대금(돈을 빌리는 것), 전당(물건을 맡기고 돈을 빌리는 것), 대여, 위탁 등과 관련된다. 다른 하나는 합의 없이 일어나는 것으로 절도, 간음, 유괴, 노예 유출, 암살, 거짓 증언처럼 은밀한 가운데 행해지는 것과 구타, 감금, 살인, 강탈, 치상, 학대, 모욕처럼 폭력적인 것으로 나뉜다. 다음에서는 이 부분적인 정의에 대해서 자세히 살펴볼 것이다.

부분적인 정의에는 어떤 것들이 있을까?

부분적인 정의에는 분배 정의, 시정(是正) 정의, 교환 정의, 그리고 정치적 정의가 있다. 이것들에 대해 하나하나 살펴보도록 하자.

| 분배 정의 |

옳지 않은 사람, 또는 옳지 않은 행위는 모두 불공정하거나 불균등한 것이다. 그리고 어느 경우든 불균등 사이에는 하나의 중간이 분명히 있다. 이 중간이 바로 균등이다. 즉, 지나침과 모자람이 있는 모든 행위에는 반드시 균등이 있다. 그런데 옳지 않음이 불균등이므로, 옳음은 균등이다.

그런데 균등은 분배 과정에서 생겨나는 것이므로 적어도 두 사람과 두 가지 사물을 포함한다. 그리하여 옳음은 적어도 네 가지 항으로 성립한다. 그것은 누군가를 위해 옳아야 하는데 그 당사자는 적어도 둘이어야 하고, 또 분배되는 사물 역시 둘이어야 한다. 그리고 이 사람들 사이에는 물론 사물들 사이에도 동일한 균등성이 존재해야 한다.

서로 균등하지 않은 사람들이 균등한 사물(몫)을 가져서는 안 된다. 균등한 사람들이 균등하지 않은 사물(몫)을 받거나, 균등하지 않은 사람들이 균등한 몫을 차지하는 경우에 분쟁과 불평이 생긴다. 이것은 그 사람의 가치에 따라 마땅한 상을 주어야 한다는 점에서

92

당연한 일이다. 왜냐하면 분배에서의 옳음은 어떤 의미에서든 가치에 따라야 한다는 데 대해 모두가 동의하기 때문이다.

따라서 (분배에서의) 옳음이란 일종의 비례라 할 수 있다. 비례는 비율과 비율의 균등성이며, 적어도 네 항으로 성립한다. 즉, 균등한 사람들과 분배되는 사물들의 관계에서 '사람A : 사람B = 사물C : 사물D = 사람A+사물C : 사람B+사물D'의 식을 만족시켜야 한다. 즉, A항의 B항에 대한 관계는 C항의 D항에 대한 관계와 같고, 또한 A항의 C항에 대한 관계는 B항의 D항에 대한 관계와 같아야 한다. 그리고 A항과 C항을 더한 것과 B항과 D항을 더한 것 사이에도 똑같은 비례가 성립하므로, 역시 등식이 성립해야 옳다. 이렇게 A항을 C항에 결합시키고(사람A가 사물C를 분배 받는 것) B항을 D항에 결합시키는 것(사람B가 사물D를 분배 받는 것)이 분배에서의 옳음이며, 바로 이런 종류의 옳음이 중간적인 것이다. 정의롭지 못함이란 이 비례를 깨뜨리는 것이다. 수학자들은 이러한 비례를 기하학적 비례라고 부른다.

옳지 않은 일은 어떤 항이 지나치게 커지고 다른 항이 지나치게 작아질 때 일어난다. 이 경우에 나쁜 일을 한 사람은 너무 많은 선을, 나쁜 일을 당한 사람은 너무 적은 선을 얻는다. 악의 경우에는 상황이 이와 반대인데, 보다 작은 악이 보다 큰 악보다 나은 것이기 때문이다. 우리는 선을 선택해야 하며, 가능하다면 더욱 큰 선을 선택해야 한다. 이것이 옳음의 한 종류인 분배 정의다.

| 시정 정의 |

시정 정의에서의 옳음은 분배 정의와는 다르다. 시정이란 사람 사이의 관계를 조정하거나 바로잡는다는 뜻이다. 공공의 소유물을 나눌 때는 위에서 말한 분배 정의의 비례를 따른다. 즉, 공공의 재화는 당사자들이 거기에 기여한 정도에 비례하여 분배하는 것이 옳다. 사람 사이의 관계와 관련된 정의도 사실 일종의 균등인데, 이때의 비례는 산술적이다.

어떤 사람이 상처를 입히고 다른 어떤 사람이 상처를 입었을 경우, 또는 어떤 사람이 살해하고 다른 어떤 사람이 살해당했을 경우, 가해와 피해는 불균등하게 분배되어 있다. 이런 경우 가해자에게서 무엇인가를 빼앗아 손실이 균등해지도록 해야 한다.

누가 악을 행하고 누가 그 악행을 당했건, 또 누가 해악을 끼치고 누가 그 해악을 당했건, 법은 다만 그 해악의 성격만을 문제삼으면서 당사자들을 균등하게 대한다. 이런 종류의 옳지 않음은 불균등이므로 재판관은 이를 균등하게 만들려고 노력한다.

물론 이것이 모든 경우에 다 들어맞지는 않는다. 그렇지만 피해의 무게를 따지면, 한쪽은 이익을 얻었고 다른 한쪽은 손해를 봤다고 할 수 있다. 따라서 균등이란 지나침과 모자람의 중간이지만, 이익과 손해는 서로 반대되는 지나침과 모자람이다. 즉, 선의 지나침과 악의 모자람을 얻는 것이 이익이고, 선의 모자람과 악의 지나침을 얻는 것이 손해다.

분쟁이 생기면 사람들은 재판관에게 소송을 제기한다. 그리고 이때 사람들이 재판관을 찾는 것은 재판관을 하나의 중간으로 보기 때문이요, 중간의 것을 얻으면 옳음을 얻으리라고 생각하기 때문이다. 그러므로 재판관은 균등을 회복하는 일을 하는 사람이다.

이것은 마치 한 선분이 불균등한 두 부분으로 나누어졌을 때, 큰 쪽에서 절반 이상의 것을 떼내어 작은 쪽에 붙이는 것과 같다. 그리하여 전체가 균등하게 나누어졌을 때, 즉 당사자들이 균등한 것을 갖게 되었을 때 "자기 몫을 차지했다."라고 말할 수 있다. 이와 같이 시정 정의는 이익과 손해의 균등을 회복시켜 주는 정의다.

| 교환 정의 |

어떤 사람들은 정의는 곧 보상이라고 간단하게 말하기도 한다. 그러나 보상이란 분배 정의에도, 시정 정의에도 들어맞지 않는다. 그럼에도 사람들은 "행한 대로 당하게 하는 것이 정당한 심판이다."라고 하면서 '눈에는 눈, 이에는 이.'라는 식으로 대응하는 정의도 시정 정의라고 생각한다. 그러나 많은 경우에 보상과 시정 정의는 서로 맞지 않는다.

예를 들어, 지배적 위치에 있는 사람이 남에게 상처를 입히면 그 자신은 상처를 입지 않는다. 반면에 어떤 사람이 지배자에게 상처를 입히면, 그는 상처를 입을 뿐만 아니라 처벌까지 받는다. 그리고 서로 합의에 의해 이루어진 행위와 합의 없이 이루어진 행위 사이에도 큰 차이가 있다.

여러 교환 관계에서 바로 이런 성질의 정의가 사람들을 서로 연결한다. 물론 이때의 보상은 비례에 따른 것이지, 꼭 균등하게 돌려주는 것을 기초로 하는 것은 아니다. 대체로 국가는 비례적 보상 관계에 의해 유지된다. 사람들은 악에는 악으로 갚고, 선에는 선으로 갚으려 한다. 그렇지 않으면 서로 주고받는 일이 전혀 없다. 사람들의 공동생활은 서로 주고받음으로써 이루어진다. 그리고 상호 보상을 하도록 하는 것이 바로 호의다.

비례적 보상은 다음과 같은 예를 들어 생각해 볼 수 있다. 집 짓는 사람과 구두 만드는 사람이 있다고 하자. 이 경우에 집 짓는 사람은 구두 만드는 사람에게서 구두를 얻어야 하고, 그 대신 자신의 생산물인 집을 주어야 한다. 즉, 처음에는 생산물 간에 비례적 균등이, 그 다음에는 보상 행위가 있어야 한다. 그렇지 않으면 구두와 집은 서로 균등하지 않기 때문에 거래가 성립될 수 없다.

그러므로 두 사람의 생산물은 균등해야만 한다. 사실 교환 관계는 균등한 두 사람 사이가 아니라, 의사 한 명과 농부 한 명처럼 일반적으로 서로 다르고 균등하지 않은 사람들 사이에서 성립한다. 그러나 이들은 균등해져야 한다.

이런 까닭에 교환되는 것을 서로 비교할 수 있어야 한다. 이 목적을 위해 돈이 생겼으며, 또 돈은 어느 의미에서 하나의 매개자 노릇을 한다. 왜냐하면 돈은 모든 것을 계산할 수 있기 때문이다. 그리하여 집 한 채나 일정한 양의 식량이 몇 켤레의 신발과 맞먹는가를 계산할 수 있게 된다. 그렇지 않으면 도대체 교환이니 공동 관계니 하는 것이 있을 수 없다. 그리고 물품이 어떤 방식으로든 균등해지지 않는 한, 이런 비례는 성립되지 않을 것이다.

그러므로 모든 물품은 어떤 한 가지로 계산될 필요가 있다. 그런데 바로 이 한 가지가 실상 모든 것을 연결해 주는 수요다. 만일 사람들이 서로 물품을 필요로 하지 않거나 균등하게 필요로 하는 일이 없다면 교환은 일어나지 않는다. 돈이 계약에 의해 수요의 대표자가 되었다. 이 말은 돈이 저절로 생긴 것이 아니라 법에 의해 인위적으로 생긴 것이며, 또 우리의 힘으로 바꿀 수도 소용없게 할 수도 있음을 의미한다.

| 정치적 정의 |

정의롭지 못한 행위를 했다고 해서 그 사람이 반드시 정의롭지 못한 사람은 아니다. 그러므로 우리는 어떤 종류의 정의롭지 못한 행

위를 하면 그 사람이 정의롭지 못한 사람, 즉 도둑, 음탕한 사람, 혹은 강도가 되는지를 살펴볼 필요가 있다. 가령 음탕한 사람이 알고 있는 여자와 같이 잤을 경우, 그 행위는 깊이 생각해서 한 행동이 아니라 정욕으로 말미암은 것일 수 있기 때문이다. 그러므로 이런 경우 그 사람은 정의롭지 못한 행위를 한 것이지만, 그렇다고 곧 정의롭지 못한 사람인 것은 아니다. 여기서 우리가 찾으려 하는 것은 무조건적 옳음이 아니라 정치적 옳음이다.

정치적 정의는 자유를 가지고 있으며, 공동생활에서의 균등함을 지닌 사람들 사이에서만 찾아볼 수 있다. 정의란 법적으로 평등한 사람들 사이에만 존재하기 때문이다. 그리고 법이 존재하는 이유는 정의롭지 못함과 관련이 있다. 법은 정의롭지 못한 일이 행해지는 경우에 옳음과 옳지 않음을 판단한다.

또한 우리는 어떤 한 사람에 의해서가 아니라 옳은 이치에 따라 지배가 이루어지게 해야 한다. 사람이란 원래 자기 자신의 이익을 위해서 움직이기 때문에 폭군이 될 수도 있기 때문이다. 한편 지배자는 정의의 수호자이며, 또한 균등의 수호자다. 만일 그가 옳은 사람이라면 자신의 몫 이상을 취하지 않을 것이므로, 그에게는 어떤 보수를 주어야 한다. 그 보수란 바로 명예와 특권이다. 그런데 이것에 만족하지 못하면 그 통치자는 폭군이 되고 만다.

정치적 정의에는 본성적인 것도 있고 인위적인 것도 있다. 본성적인 것이란 어디서나 같은 힘을 갖는 것으로서, 사람들이 이렇게 저렇게 생각하는 것과는 상관없이 존재한다. 인위적인 것은 본래는 이렇게도 저렇게도 될 수 있었던 것이나 일단 정해진 다음에는 그럴 수 없는 것이다. 예를 들면 죄수가 석방되려면 보석금을 얼마 내야 하는가와 같이 여러 가지 법령의 조항 같은 것이 인위적인 정의다.

그런데 모든 정의를 인위적인 정의라고 생각하는 사람들이 있다. 그들이 이렇게 생각하는 이유는 옳다고 인정되는 것이 변하는 것을 보았기 때문이다. 본성에 의해서가 아니라 인위적으로 생긴 옳음은 어디서나 같은 것이 아니다. 국법도 다 똑같지 않으니 말이다. 그러나 어디서나 본성적으로 최선인 국법은 오직 하나뿐이다.

옳은 행위와 옳지 않은 행위는 사람이 의식적으로 행할 경우에만 판단할 수 있다. 무의식적인 행동은 우연히 옳을 수도 있고 옳지 않을 수도 있기 때문에, 그것을 가리켜 옳은 행위라거나 옳지 않은 행위라고 하지 않는다. 의식적으로 행동한다는 것은 자신의 능력 안에서 스스로 알고 행동하는 것을 말한다. 즉, 누구에게, 무엇을 가지고, 무슨 목적으로 행하는가를 확실히 알고 있는 것이다. 이런 행위는 우연한 것도 아니고, 강요에 의한 것도 아니다.

예를 들어 A란 사람이 B란 사람의 손을 잡고 그 손으로 C란 사람을 때렸다면, B는 의식적으로 때린 것이 아니다. 즉, 자신의 의지대로 한 것이 아니다. 그러므로 알지 못하고 행한 일, 또는 알기는 했지만 자신의 힘으로 어떻게 할 수 없었던 일, 또는 강요에 의해 행한 일은 무의식적으로 행동한 것이 된다. 이러한 행위에는 책임을 물을 수 없다.

그런데 의식적인 행위 가운데는 선택해서 하는 것도 있고, 선택하지 않고 하는 것도 있다. 선택해서 하는 것이란 미리 생각하고 하는 것이요, 선택하지 않고 하는 것이란 미리 생각하지 않고 하는 것이다. 그리하여 사람과 사람 사이에 발생하는 일은 넷으로 나눌 수 있다.

첫째, 피해가 뜻밖에 생겼을 때 그것은 사고다. 둘째, 뜻밖에 생기지는 않았지만 악덕 때문에 생긴 것이 아닌 경우는 과실이다. 즉, 잘못의 원인이 자기에게 있으면 과실이고, 자기 외부에 있으면 사고다. 셋째, 알고 했지만 생각 끝에 한 것이 아니면 옳지 않은 행위다. 예컨대 노여움과 같이 인간 모두가 가진 본성적인 정념으로 말미암은 행위는 옳지 않은 행위다. 이 경우 그들은 옳지 않은 행위를 하고는 있지만, 그렇다고 해서 그 행위를 한 사람이 옳지 않은 사람, 곧 악인은 아니다. 넷째, 선택에 의해 옳지 않은 행위를 하는 경우인데, 이 경우 그 행위를 한 사람은 옳지 않은 사람이요 악인이다. 이와 마찬가지로 어떤 사람이 선택해서 옳게 행동할 때 그 사람은 옳은 사람이다.

무의식적인 행위 중에는 용서할 수 있는 것도 있고, 용서할 수 없는 것도 있다. 즉, 무지 때문에 저지른 잘못은 용서할 수 있다. 그러나 이와 반대로 무지 때문에도 아니고 본성적이지도 않은 정념으로 인해 저지른 잘못은 용서할 수 없다.

3 부

지적인 덕

이성적인 부분의 기능은 진리를 인식하는 것이다. 이성적인 부분으로 하여금 진리를 잘 인식하게 하는 상태, 그것이 바로 지적인 덕이다. 정신으로 하여금 긍정과 부정을 통하여 진리를 얻게 하는 상태에는 다섯 가지가 있다. 학문적 인식, 기술, 실천적 지혜, 철학적 지혜, 이성이 그것이다.

3 부_ 지적인 덕

    앞서 우리는 사람은 지나침이나 모자람이 아닌 중간적인 것을 선택해야 한다는 것과 중간적인 것, 즉 중용이 올바른 이치에 이르는 큰 길이라는 것을 살펴보았다. 이제는 이 올바른 이치가 무엇인가에 대해 살펴보도록 하자.

    정신의 덕은 도덕적인 덕과 지적인 덕으로 나누어진다. 도덕적인 덕은 선택과 관계된 성품의 상태인데, 좋은 선택을 하려면 이치도 옳아야 하고 욕구도 바른 것이어야 한다. 지적인 덕은 긍정과 부정을 통해 정신이 진리를 얻도록 하는 것인데, 여기에는 다섯 가지가 있다. 학문적 인식, 기술, 실천적 지혜, 철학적 지혜, 이성이 그것이다. 도덕적인 덕이 주로 습관의 결과라면, 지적인 덕은 주로 교육을 통해 얻어지는 것이다.

지적인 덕이란?

    인간의 정신에는 행위와 진리를 다스리는 세 가지가 있다. 바로 감성, 이성, 욕구이다. 이 가운데 감성은 행위의 실마리가 되지 못한다. 동물도 감성을 가지고 있지만, 행위라고 할 만한 것은 전혀 하지 못한다는 사실에 비추어 보면 이는 분명해진다. 여기서 행위란 이성에 따르는 행동을 의미한다.

    사유에 긍정과 부정이 있는 것처럼, 욕구에는 추구와 회피가 있다. 도덕적인 덕은 선택과 관계있는 성품의 상태이고, 선택은 깊이 생각한 욕구이므로, 좋은 선택을 하려면 이치도 옳고 욕구도 바른 것이어야 한다. 그래서 이치가 지향하는 것을 욕구는 추구해야 한다.

행위의 출발점은 선택이고 선택의 출발점은 욕구와 목적을 갖는 이치다. 그러므로 이성과 사유가 없거나, 또는 도덕적 성품이 없다면 옳은 선택을 할 수 없고, 나아가 좋은 행위도 할 수 없다. 그런데 사유 자체는 아무것도 움직이지 못하며, 오직 목적이 있는 실천적인 사유만이 무언가를 움직일 수 있다. 목적이 있는 실천적인 사유는 무엇을 만드는 것과 관련된 사유도 지배한다. 좋은 행위는 그 자체가 목적이며, 욕구 또한 이것을 목표로 삼는다. 따라서 선택은 사유와 관련된 욕구이며 욕구와 관련된 이성이다.

이성적인 부분의 기능은 진리를 인식하는 것이다. 이성적인 부분으로 하여금 진리를 잘 인식하게 하는 상태, 그것이 바로 지적인 덕이다. 정신으로 하여금 긍정과 부정을 통하여 진리를 얻게 하는 상태에는 다섯 가지가 있다. 학문적 인식, 기술, 실천적 지혜, 철학적 지혜, 이성이 그것이다. 그럼 이 상태들에 관해 이야기해 보자.

학문적 인식이란?

우리가 학문적으로 인식할 수 있는 것은 오직 그 방식 외에 '다른 방식으로는 존재할 수 없는 것'이다. 그러므로 학문적 인식의 대상은 필연적이며 영원한 것들이다. 필연적인 것은 모두 영원한 것이기 때문이다. 그리고 영원한 것들은 생성되거나 없어지지 않는다.

한편 모든 학문은 가르치고 배울 수 있다. 그런데 가르친다는 것은 어느 경우에나 '이미 알려진 것'에서 출발한다. 때로는 이미 알려진 사실로부터 보편적인 것을 이끌어 내는 귀납을 통해서, 때로는 보편적인 것으로부터 출발하여 그것을 증명하는 연역을 통해서 이루어진다.

학문적 인식은 또한 논리적으로 증명할 수 있는 능력이 있는 상태를 말한다. 즉, 어떤 사람이 일정한 방식으로 확신을 가지고 근본 명제(가장 먼저 제시되는 원칙이나 원리)를 분명히 인식했을 때, 그는 학문적 인식을 가진 것이다.

기술이란?

'다른 방식으로도 존재할 수 있는 것'에는 제작의 영역에 속하는 것도 있고, 행동의 영역에 속하는 것도 있다. 제작과 행동은 서로 다른 것이므로 '이치에 따라 제작할 수 있는 상태'와 '이치에 따라 행동할 수 있는 상태'도 서로 다르다. 그러므로 이것들은 서로 포함되지 않는다. 행동이 제작인 것도 아니고, 제작이 행동인 것도 아니다.

기술이란 '참된 이치에 따라 제작할 수 있는 상태'를 말한다. 모든 기술은 생성과 관계가 있다. 그것은 '이미 세상에 있을 수도 있고 없을 수도 있는, 그리고 제작자가 목적을 가지고 제작하려는 것들'을 어떻게 하면 잘 만들 수 있는가에 관심을 둔다. 기술은 '필연적으로 존재하며 생성하는 것들' 또는 '자연적으로 존재하며 생성하는 것들'과는 관계가 없다. 기술은 제작과 관련된 것이지, 행동과 관계된 것이 아니다.

실천적 지혜란?

실천적 지혜에 대해서 알기 위해, 실천적 지혜를 가진 사람이 어떤 사람인가를 살펴보는 게 좋겠다. 실천적 지혜가 있는 사람은 자기 자신에게 유익하고 좋은 것이 무엇인지 잘 알고 있다. 이는 어떤 특수한 점에서, 예를 들면 어떤 것이 건강과 체력에 좋은가 따위에 관해서가 아니라, 전체적으로 좋은 생활에 필요한 것이 무엇인가에 대해 훌륭하게 살피고 생각할 줄 안다는 것을 뜻한다. 따라서 일반적으로 깊이 있게 잘 생각할 수 있는 사람은 실천적 지혜를 가진 사람이라고 할 수 있다.

실천적 지혜는 학문적 인식이나 기술이 아니다. 학문적 인식이 아닌 까닭은 각각의 행위를 다른 방식으로도 할 수 있기 때문이고, 기술이 아닌 까닭은 행동과 제작이 서로 다른 일이기 때문이다. 실천적 지혜는 '인간에게 좋은 것과 나쁜 것이 무엇인지 잘 알고, 참된 이치에 따라 행동할 수 있는 상태'다. 그래서 페리클레스(Perikles, 고대 그리스의 정치가) 같은 사람을 실천적 지혜를 가진 사람이라고 하는 것이다. 왜냐하면 페리클레스는 자신을 위해서 좋은 것, 또 모든 사람을 위해서 좋은 것이 무엇인지 알고 있기 때문이다. 이런 사람이야말로 자기 집이나 나라를 잘 다스릴 수 있는 사람이다.

가령 삼각형의 내각의 합은 두 직각의 합과 같은가 같지 않은가에 대한 판단은 쾌락이나 고통 때문에 잘못되거나 왜곡되지 않는다. 그러나 무엇을 할 것인가에 대한 판단은 경우가 다르다. 왜냐하면 무엇을 할 것인가를 판단할 때 그 실마리가 되는 것은 그 행동의 목적인데, 쾌락이나 고통으로 곤란해진 적이 있는 사람은 이 실마리를 보지 못하기 때문이다. 사실 악덕은 행동의 실마리를 파괴하는 힘을 가지고 있다. 그러므로 실천적 지혜란 '인간적인 선을 실현하는 데 있어서 참된 이치에 따라 행동할 수 있는 상태'라고 하겠다.

이성이란?

학문적 인식은 보편적이고 필연적인 것들에 관한 이해다. 그리고 논증의 결론들과 모든 학문적 인식은 여러 근본 명제 위에 서 있다. 그렇다면 학문적 인식의 근본 명제 자체를 아는 것은 학문적 인식일 수도 없고, 기술일 수도 없고, 실천적 지혜일 수도 없다. 학문적 인식은 논리적으로 증명될 수 있는 것이고, 기술이나 실천적 지혜는 '다른 방식으로도 존재할 수 있는 것'과 관련되기 때문이다. 또한 이 근본 명제들은 지혜의 대상이 되지도 않는다. 학문적 인식, 실천적 지혜, 이성 중에서 근본 명제를 파악할 수 있게 해 주는 것은 이성이다.

철학적 지혜란 무엇인가?

우리는 가끔 어떤 한 분야에서 일을 가장 잘하는 기술자를 지혜롭다고 말한다. 이때 '지혜'의 의미는 '기술이 뛰어남'을 뜻할 뿐이다. 그러나 때로는 어떤 사람을 한 분야의 지혜로운 사람이 아니라, 전체적인 의미의 지혜로운 사람으로 보는 경우가 있다. 여기서 말하는 '지혜'는 철학적 지혜로서 모든 학문적 인식 가운데 가장 완성된 것이다.

철학적 지혜를 지닌 사람은 근본 명제들에서 이끌어 낸 명제뿐만 아니라, 근본 명제 자체에 대해서도 잘 안다. 그러므로 철학적 지혜는 이성과 학문적 인식이 합쳐진 것이며, 가장 고귀한 것에 대한 인식이다.

여기서 우리는 철학적 지혜를 '가장 고귀한 것들에 관한 것'이라고 했는데, 이는 정치의 기술이나 실천적 지혜를 최선의 지식으로 보는 것은 옳지 않다는 것을 뜻한다. 예를 들면 '건강한 것', 또는 '좋은 것'이 인간과 물고기에게 있어서는 서로 다르지만, '흰 것'이나 '직선인 것'은 언제나 같다. 철학적 지혜는 언제나 같은 것을 다루고, 실천적 지혜는 때에 따라 변하는 것을 다룬다. 이런 까닭에 하등동물조차도 어떤 것들은 실천적 지혜를 가지고 있다고 여겨진다.

예를 들어 자신의 생명에 대해서 앞을 내다보는 능력을 가진 하등동물은 실천적 지혜가 있다고 할 수도 있다. 정치의 기술도 철학적 지혜와는 같지 않다. 정치의 기술은 모든 존재의 선에 관심을 갖는 지혜가 아니라 자기가 속한 종의 선에만 관심을 갖는 지혜이기 때문이다.

그러므로 철학적 지혜는 가장 고귀한 것들을 이성적으로 파악하는 학문적 인식이다. 그래서 자신들의 이익에는 관심이 없었던 아낙사고라스(Anaxagoras)나 탈레스(Thales)와 같은 고대 그리스의 철학자들을 보고 철학적 지혜는 있으나 실천적 지혜는 없다고 말하는 것이다. 또 그들이 알고 있는 것이 놀랍고 훌륭하고 어려운 것이긴 하지만 쓸데없는 것들이라고도 하는 것이다. 그 이유는 그들이 추구하는 것이 인간에게 꼭 필요한 선만은 아니기 때문이다.

이와 반대로 실천적 지혜는 '인간적인 것' 및 '그것에 관해서 생각할 수 있는 것들'에 관한 것이다. 또 실천적 지혜는 보편적인 것뿐만 아니라 개별적인 것과도 관계된다. 왜냐하면 실천은 개별적인 것에 관여하는 것이기 때문이다. 가끔 지식이 없는 사람들이 지식이 있는 사람들보다 현실에서 더 잘하는 경우가 있는 것은 이 때문이다. 특히 경험이 많은 사람들이 그렇다.

실천적 지혜는 행동과 관계된다. 그러므로 보편적인 경우와 개별적인 경우 모두에 해당되지만, 특히 개별적인 경우를 더 중시한다. 그래서 실천적 지혜는 철학적 지혜보다 더 위에 있을 수 없다. 이것은 의술이 건강보다 우월하지 않은 것과 마찬가지다. 실천적 지혜는 철학적 지혜를 위하여 봉사하는 것이지, 철학적 지혜에 명령하는 것이 아니다.

작은 지적인 덕에는 무엇이 있을까?

이제 여러 가지 작은 지적인 덕에 대해 알아보자. 우리가 '이해력이 있는 사람'이라든가 '이해력이 탁월한 사람'이라고 말할 때의 '이해력'이나 '이해력의 탁월'은 학문적 인식과 같은 것이 아니다. 이해력과 관계있는 것은 영원하고 변하지 않는 것이 아니고, 또 생성하는 모든 것도 아니며, 다만 의심이 가고 깊이 생각하게 되는 것들이다. 따라서 이해력과 관계있는 것은 실천적 지혜와 관계있는 것과 같다.

그러나 이해력과 실천적 지혜가 같은 것은 아니다. 실천적 지혜의 목적은 무엇을 해야 하고 무엇을 해서는 안 되는지를 규정하는 것이다. 다시 말해 실천적 지혜는 명령을 내리는 것인 데 반해 이해력은 그저 판단만 하는 것이다. 그렇기 때문에 이해력이 있다는 것은 실천적 지혜를 가진 것도, 실천적 지혜를 얻은 것도 아니다. 그래서 '이해한다'는 것은 '배워서 안다'는 뜻으로 쓴다. 그렇기 때문에 '이해력'이란 말은 '이해력이 탁월'한 사람이라고 부르는 경우처럼 '배워서 아는 능력'이라는 의미로 사용된다. 사실 우리는 '배워서 안다'고 해야 할 때에 가끔 '이해한다'고 말한다.

또 다른 지적인 덕은 우리가 '판단력이 있는 사람'이라고 할 때의 판단력이다. 판단력은 공평한 것을 올바로 가려내는 힘이다. 이것은 공평한 사람을 판단을 잘하는 사람으로 여기는 것을 보면 알 수 있다. 그리고 올바르게 판단한다는 것은 참된 것을 판단한다는 뜻이다.

그런데 지금까지 말한 모든 상태는 한 가지 상태로 모인다. 즉, 우리는 판단력과 이해력과 실천적 지혜와 이성과 관련하여 같은 사람에 대해 "판단력이 있다.", "이제 이성을 가질 나이가 되었다.", "실천적 지혜가 있다.", "이해력이 있다."라고 말한다. 이것은 이 능력들이 모두 궁극적이며 개별적인 것을 다루기 때문이다.

실천적 지혜와 철학적 지혜는 어떤 관계인가?

이제 이런 지적인 덕이 어떤 효용성이 있는지 살펴보아야 한다. 철학적 지혜와 실천적 지혜는 각각 정신의 어떤 부분의 덕이기 때문에, 그것들은 비록 아무것도 만들어 내지 않는다 해도 그 자체로 바람직한 것이라 하겠다. 그런데 철학적 지혜와 실천적 지혜는 무엇인가를 만들어 낸다. 그 방식은 의술이 건강을 만들어 내는 방식이 아니고, 오히려 건강이 건강을 만들어 내는 그런 방식이다. 이런 방식으로 철학적 지혜는 행복을 만들어 낸다. 철학적 지혜는 전체 덕의 일부이기 때문에, 철학적 지혜를 마음의 상태로서 소유하고 활동시키면 그것이 사람을 행복하게 해 준다는 것이다. 또 어떤 일이든 실천적 지혜와 도덕적인 덕을 모두 실천해야 이룰 수 있는 법이다. 왜냐하면 덕은 우리에게 올바른 목적을 목표로 삼게 하고, 실천적 지혜는 우리로 하여금 올바른 수단을 사용하게 하기 때문이다.

우리가 실천적 지혜를 갖고 있더라도, 아름답고 옳은 일을 더 잘 할 수 있는 것은 아니라는 의견에 대해서는 좀 더 자세히 살펴볼 필요가 있다. 어떤 사람이 옳은 일을 하더라도, 그 사람을 옳은 사람이라고 하지 않는 경우가 있기 때문이다. 즉, 법이 명령하는 것을 아무 생각 없이, 또는 무식해서, 또는 다른 어떤 이유로 행한 경우, 그 행위가 아무리 옳다고 해도 우리는 그 사람을 옳은 사람이라고 하지 않는다. 이와 마찬가지로 선한 사람이 되기 위해서는 여러 행위를 함에 있어 스스로 선택한 결과나 그 행위 자체를 목적으로 해야 한다.

선택을 올바르게 하도록 하는 것은 덕이다. 그러나 우리가 자신의 선택을 실행하기 위해 해야 할 일이 무엇인가에 대한 문제는 덕의 영역에 속하지 않는다. 오히려 이것은 또 다른 능력의 영역에 속하며, 좀 더 주의를 기울여 살펴보아야 한다.

사람들이 '영리(怜悧)'라고 부르는 능력이 있다. 영리란 스스로 세워 놓은 목표에 잘 도달할 수 있게 하는 능력이다. 그런데 만일 그 목표가 아름답고 고귀한 것이면 그때의 영리함은 칭찬할 만한 것이지만, 만일 그 목표가 나쁜 것이면 그때의 영리함은 한낱 간교일 따름이다. 실천적 지혜를 가진 사람도 그 목표에 따라 영리할 수도 있고 간교할 수도 있다.

실천적 지혜가 바로 이 능력은 아니지만, 영리함이 없다면 실천적 지혜는 바르게 존재할 수 없다. 그리고 영리가 실천적 지혜의 상태가 되려면 덕의 도움을 받아야 한다. 그러므로 먼저 선한 사람이 되어야 비로소 실천적 지혜를 갖춘 사람이 될 수 있다.

지금까지 말한 것으로 미루어 볼 때, 실천적 지혜 없이는 엄밀한 의미에서의 좋은 사람이 될 수 없고, 또 도덕적인 덕이 없이는 실천적 지혜가 있는 사람이 될 수 없다. 또 덕이 없으면 선택을 올바로 할 수 없으며, 마찬가지로 실천적 지혜가 없어도 올바른 선택을 할 수 없다. 왜냐하면 덕은 목적을 결정하고, 실천적 지혜는 목적을 실현시켜 주는 것들을 실행하도록 하기 때문이다.

그러나 실천적 지혜가 철학적 지혜를 지배하는 것은 아니다. 실천적 지혜는 철학적 지혜를 사용하는 것이 아니라, 그것이 생기도록 마음을 쓰는 것이다. 실천적 지혜는 철학적 지혜를 위하여 명령하는 것이지, 철학적 지혜에 대하여 명령하는 것이 아니다.

4부

자제와 쾌락

우리가 피해야 할 도덕적 성품에는 세 가지가 있다. 즉, 악덕과 자제력 없음 과 짐승 같은 상태다. 이 세 가지에 반대되는 것들은 다음과 같다. 즉, 악덕 의 반대는 덕이고, 자제력 없음의 반대는 자제다. 그리고 짐승 같은 상태의 반대는 인간적인 덕, 즉 영웅적이고 신적인 성질의 덕이다.

4부_ 자제와 쾌락

아리스토텔레스는 이제까지 주로 추구해야 할 목표나 성품에 대해 이야기했는데, 여기서는 이와 반대로 피해야 할 성품에 대해 이야기한다. 즉, 우리가 피해야 할 도덕적 성품에는 세 가지가 있는데, 악덕과 자제력 없음, 그리고 짐승 같은 상태가 그것이다.

이 가운데 악덕은 지금까지 살펴본 덕의 반대이므로 쉽게 이해할 수 있을 것이다. 그래서 자제력 없음을 중심으로 여러 사람들이 주장한 것들을 살펴본 뒤 자제와 밀접히 관련 있는 쾌락에 대해서 여러 각도로 검토한다.

자제

우리가 피해야 할 도덕적 성품에는 세 가지가 있다. 즉, 악덕과 자제력 없음과 짐승 같은 상태다. 이 세 가지에 반대되는 것들은 다음과 같다. 즉, 악덕의 반대는 덕이고, 자제력 없음의 반대는 자제다. 그리고 짐승 같은 상태의 반대는 초인간적인 덕, 즉 영웅적이고 신적인 성질의 덕이다. 호메로스가 헥토르에 관해서 다음과 같이 말한 것이 이에 해당할 것이다.

그는 아주 훌륭한 인간이었다.

죽음의 운명을 지닌 인간의 아들 같지 않고

신의 아들인 듯싶었으니.

《일리아스》 제24권 258 이하)

그러므로 만일 세상 사람들이 말하는 것처럼 남달리 덕이 뛰어나 신이 될 수 있다면, 이런 상태야말로 짐승 같은 상태의 반대가 될 것이다. 왜냐하면 짐승에게 덕이나 악덕이 없듯이, 신에게도 이런 것들이 없기 때문이다. 신의 상태는 덕보다 더 고귀한 것이요, 짐승 같은 상태는 악덕과는 다른 상태다.

스파르타 사람들은 어떤 사람을 아주 높이 찬양할 때 흔히 '신적인 사람'이란 말을 쓰는데, 이러한 신적인 사람이 극히 드문 것처럼 짐승 같은 사람도 별로 많지 않다. 짐승 같은 사람은 주로 야만인들 가운데서 볼 수 있다. 질병이나 불구 때문에, 또는 악덕 때문에 너무 엉뚱한 짓을 하는 사람들을 이렇게 부르는 경우도 있다.

여기에 대해서는 이 정도로만 다루고 자제력 없음과 참을성 없음, 그리고 자제와 인내에 대해서 알아보도록 하자. 그럼 먼저 사람들이 흔히 생각하는 것과 그 속에 있는 여러 가지 문제점을 살펴본 뒤, 그 가운데 옳은 것이 무엇인지 알아보자.

세상 사람들이 흔히 하는 말은 다음과 같다.

- 자제와 인내는 둘 다 좋고 칭찬할 만한 것이고, 자제력 없음과 참을성 없음은 둘 다 나쁘고 비난할 만한 것이다. 그리고 '자제할 줄 아는 사람'은 '헤아려 살핀 것을 지키려는 사람'과 같고, '자제력 없는 사람'은 '헤아려 살핀 것을 쉽게 포기하는 사람'과 같다.
- 자제력이 없는 사람은 자기가 하는 일이 나쁘다는 것을 알면서도 정념 때문에 그것을 하는데, 자제할 줄 아는 사람은 자기의 여러 가지 욕정이 나쁘다는 것을 알고 이성에 의해 그것을 따르지 않는다.
- 사람들은 절제하는 사람을 자제할 줄 알며 참을성 있는 사람이라고 부른다. 그러나 어떤 사람은 자제할 줄 아는 사람을 언제나 절제하는 사람으로 보지만, 다른 어떤 사람은 그렇게 보지 않는다. 그리고 어떤 사람은 방자한 사람을 자제력이 없는 사람이라고 부르고, 자제력이 없는 사람을 방자한 사람이라고 부르면서 이 둘을 똑같이 보지만, 다른 어떤 사람들은 이 둘을 구분한다.
- 사람들은 실천적 지혜가 있는 사람은 자제력을 잃지 않는다고 하는데, 때로는 실천적 지혜가 있고 영리한 사람 가운데에도 자제력이 없는 사람이 있다.
- 사람들은 대개 분노나 명예나 이익과 관련되는 것에서 자제력을 잃는 경우가 많다.

그런데 다음과 같은 것이 문제가 될 수 있다.

첫째, 판단을 올바르게 내리는 사람이 자제력 없는 행동을 하는 경우다. 여기에 대해서 어떤 사람은 인식을 가진 사람이 그렇게 행동하는 것은 있을 수 없는 일이라고 주장한다. 인식을 가진 사람이 다른 것에 마치 노예처럼 끌려 다니는 것은 이상한 일이기 때문이다.

이는 소크라테스(Socrates, 고대 그리스의 철학자)의 주장인데, 그는 자제력이 없는 경우는 있을 수 없다고 생각하여, 인식이 다른 어떤 것에 지배되어 이리저리 끌려 다닐 수도 있다는 견해에 반대했다. 소크라테스는 누구도 자신이 최선이라고 판단한 것과 반대되는 행동을 하지 않으며, 오직 무지에 의해서만 그런 행동을 한다고 보았다.

하지만 사실을 관찰해 보면 이런 생각은 잘 맞지 않는다. 욕정에 빠지는 사람은 그것이 나쁜 줄 알면서도 빠진다. 또 술을 마시는 것이 건강을 해친다는 사실을 알면서도 술을 마시는 사람도 있다.

둘째, 만일 자제할 줄 아는 사람에게 강하고 나쁜 욕정이 있다면, 절제하는 사람은 자제할 줄 아는 사람이 아닐 것이다. 왜냐하면 절제하는 사람에게는 지나치거나 나쁜 욕정이란 없으니 말이다. 그러나 자제할 줄 아는 사람에게는 그런 욕정들이 없을 수 없다. 자제는 욕정이 없는 것이 아니라, 어떤 욕정이 나쁘다는 것을 알고 그것을 따르지 않는 것이다.

한편 그 욕정들이 약하기는 하나 나쁘지 않은 것이라면, 그것들에 저항한다고 해서 훌륭하다고 감탄할 필요는 없으며, 만일 그것들이 나쁘기는 하나 약한 경우에도 그것들에 저항하는 것이 대단한 것은 못 된다.

셋째, 만일 자제가 사람으로 하여금 어떤 억지 의견이나 모든 억지 의견을 받아들이게 한다면, 더구나 그것이 그릇된 의견마저 받아들이게 한다면 그것은 좋지 못한 것이다. 그리고 만일 자제력 없음이 어떤 억지 의견이나 모든 억지 의견을 쉽게 버리도록 한다면 '훌륭한 자제력 없음' 같은 것도 있을 수 있다.

넷째, 확신이 있어서 쾌락을 추구하고 선택하는 사람은 자제하지 못한 탓에 쾌락을 추구하는 사람보다 낫다. 왜냐하면 자제하지 못한 사람은 마음을 돌이킬 수 없기 때문에 오히려 확신 있는 사람보다 그 잘못을 고치기가 어렵기 때문이다. 더구나 자제력이 없는 사람에게는 "물에 빠져 질식한 사람에게 무엇을 더 마시게 할 수 있단 말인가?"라는 속담을 적용할 수 있다. 만일 자제력이 없는 사람이 자신의 일에 대해 옳다는 확신까지 갖게 된다면, 그 마음을 돌이키도록 설득하려 해도 소용이 없고, 아주 다른 일을 하도록 설득해도 여전히 그 일을 할 것이기 때문이다.

다섯째, 만일 자제력 없음과 자제력 있음이 모든 일과 다 관계가 있다면, 무조건적인 의미에서 자제력이 없는 사람은 과연 어떤 사람인가? 모든 것에 있어서 자제력이 없는 사람은 없는데, 어떤 사람을 무조건적인 의미에서 자제력이 없다고 할 수 있겠는가?

　자제와 관련해서는 대체로 위와 같은 문제들이 제기되는데, 이에 대해 살펴보도록 하자.

　먼저 자제력이 없는 사람은 알고서 그렇게 행동하는가, 아니면 모르고 행동하는가, 그리고 어떤 의미에서 알고 행동하는 것인가에 대해 살펴보자. 사람이 자제하지 못하고 행동하는 것은 어떤 의미에서 보면 이치에 어긋나는 잘못된 생각 때문이다. 자제하지 못하는 감정 상태가 생기는 이유는 참된 의미의 인식을 갖지 못하고 단지 감성적 인식만을 지니기 때문이다.

　다음으로 '무조건적인 의미에서 자제력이 없는 사람'이 있는지에 대해서 생각해 보자. 자제하는 사람과 참을성 있는 사람, 그리고 자제하지 못하는 사람과 참을성 없는 사람은 모두 쾌락이나 고통과 관계가 있다는 것은 명백하다. 그런데 쾌락 가운데 어떤 것은 필수적인 것이고, 어떤 것은 그 자체로 선택할 만한 것이지만 지나침으로 흐를 수도 있는 것이다. 식욕이나 성욕과 같은 육체적인 쾌락은 필수적인 것이다. 반면에 승리, 명예, 부, 좋고 쾌감을 주는 것과 비슷한 것들은 그 자체로는 선택할 만한 것이다.

　이런 이유 때문에 그 자체로 선택할 만한 것과 관련하여 올바른 이치를 어기고 지나침으로 나아가는 사람들을 보고 무조건적으로 자제력이 없다고 하지 않고, '돈이나 명예, 분노 같은 면에서', 즉 일정한 조건 아래에서만 자제하지 못한다고 말한다. 이런 사람들은 '무조건적으로 자제력이 없는 사람'과는 다르다.

그러나 절제나 방종과 관련 있는 육체적 쾌락에서 자제력이 없는 사람들 가운데 자신의 선택과 판단을 어기면서 온갖 쾌락을 추구하는 사람은 무조건적으로 자제력이 없는 사람이다. 이런 사람들은 '참을성이 없다.'는 말을 듣는다. 육체적 쾌락과 관련해서 자제력이 없는 사람과 방종한 사람은 동일하다.

자제력이 없는 사람에게는 자제력이 있는 사람이 대립하고, 참을성이 없는 사람에게는 참을성이 있는 사람이 대립한다. 참을성은 쾌락에 저항함으로써 생기고, 자제는 쾌락을 극복함으로써 생긴다. 이런 이유로 자제력 있음이 참을성 있음보다 더 바람직하다. 그런데 대부분의 사람들이 저항하여 충분히 이겨내는 것을 이겨내지 못하는 사람은 참을성이 없고 나약한 사람이다.

자제와 자제력 없음도 이와 비슷하다. 어떤 사람이 강렬하고 지나친 쾌락이나 고통에 졌다면, 그것은 이상한 일이 아니다. 만일 그가 저항을 했는데도 졌다면, 사실 우리는 그를 용서할 수 있다. 그러나 견딜 수 있는 쾌락이나 고통에 저항하지 않고 진 사람은 한심한 사람이다. 물론 그것이 유전이나 질병 때문이라면 경우가 다를 것이다.

오락을 좋아하는 사람도 방종한 사람으로 생각되곤 하지만, 사실 그는 참을성이 없는 사람이다. 오락이란 일종의 휴식이므로, 사실은 숨을 돌리는 것일 뿐이다. 오락을 좋아하는 사람은 이렇게 휴식하고 숨을 돌리는 데 있어서 지나친 사람이다.

일반적으로 자제력이 없는 것과 악덕은 서로 다르다. 자제력이 없는 것은 악덕이 아니다. 왜냐하면 자제력이 없는 것은 선택에 의한 것이 아니기 때문이다. 이에 반하여 악덕은 선택에 의한 것이다. 물론 자제력 없음과 악덕으로 인해 나타나는 행위는 서로 비슷한 점이 있다.

자제력이 없는 사람은 올바른 이치에 어긋나는 육체적 쾌락을 확신 없이 추구하는 반면, 방종한 사람은 그런 쾌락을 확신을 가지고 추구한다. 자제력이 없는 사람은 뉘우칠 줄 알지만, 방종한 사람은 뉘우칠 줄 모른다. 그래서 자제력이 없는 사람은 쉽사리 마음을 돌리고 태도를 바꿀 수 있지만, 방종한 사람은 그렇지가 않다.

따라서 자제력이 없는 사람은 방종한 사람보다는 나은 사람이고, 또 무조건적으로 나쁘지는 않은 사람이다. 왜냐하면 그의 마음속에는 최선의 것, 즉 근본이 그대로 남아 있기 때문이다. 방종한 것은 지속적인 불행이고, 자제력이 없는 것은 지속적이지 않은 불행이다. 그러나 자제가 좋은 상태이고, 자제력 없음이 좋지 않은 상태임은 말할 것도 없다.

쾌락

다음으로 쾌락에 대해 살펴보자. 쾌락은 인간의 본성과 매우 밀접한 관련이 있다. 그래서 청년들을 교육할 때 쾌락과 고통을 이용하기도 한다. 왜냐하면 사람들은 누구나 즐거운 것을 택하고 고통스러운 것을 피하기 때문이다.

그런데 선과 쾌락과의 관계에 대해서는 다양한 의견들이 있다. 어떤 사람들은 선과 쾌락은 같은 것이 아니며, 쾌락은 결코 선이 아니라고 생각한다. 또 어떤 사람들은 쾌락 가운데 일부만 좋은 것이고, 대부분은 나쁜 것이라고 생각한다. 또 다른 사람들은 모든 쾌락이 선이기는 하지만, 쾌락이 세상에서 제일 좋은 것은 아니라고 생각한다. 이들의 의견을 좀 더 자세히 살펴보자.

쾌락은 결코 선이 아니라고 주장하는 사람들은 다음과 같이 그 이유를 제시한다. 즉, 모든 쾌락은 본성적으로 지각될 수 있는 과정인데, 과정은 목적과 같은 것이 아니라고 말한다. 예를 들어 집을 짓는 과정은 집 자체와 같지 않다. 또 절제 있는 사람은 쾌락을 피하며, 사려 깊은 사람은 고통이 없는 것을 추구하지, 쾌락을 추구하지는 않는다. 더욱이 쾌락은 사유하는 데 방해가 된다. 가령 육체적인 쾌락이 그런 경우다. 또한 선해지기 위해서는 어떤 고유의 기술이 필요하지만, 쾌락에는 기술이 필요 없다. 아울러 어린아이들이나 짐승들조차도 쾌락을 추구한다.

쾌락 가운데 일부만 좋은 것이고, 대부분은 나쁜 것이라고 생각하는 사람들은 다음과 같은 이유를 제시한다. 쾌락 가운데는 사실 야비하고 비난의 대상이 되는 것이 여러 가지 있다. 또한 해로운 쾌락도 많으며, 그 중에 건강에 좋지 않은 것들도 있다는 거다.

쾌락이 선이기는 하지만 세상에서 제일 좋은 것은 아니라고 생각하는 사람들은, 쾌락이 목적이 아니고 하나의 과정이라고 이야기한다(1장에서 제일 좋은 선, 즉 최고선은 그 자체가 목적인 선이라고 밝혔다). 이상이 사람들이 쾌락에 관해서 일반적으로 말하는 것들이다. 이 의견들에 대해 좀 더 자세히 살펴보자.

우선 선에는 두 가지 의미의 선, 즉 무조건적인 선과 어떤 사람에게만, 또는 어떤 경우에만 선인 것이 있을 수 있다. 따라서 쾌락에도 그런 구별이 있을 수 있다. 나쁘다고 생각되는 것도 마찬가지로, 그 가운데 어떤 것은 무조건적으로 나쁘지만 어떤 사람에게는 나쁘지 않고 오히려 선택할 가치가 있는 경우가 있다.

또 어떤 것은 어느 누구에게도 선택할 만한 가치가 없지만, 어떤 특별한 때에 잠깐 동안은 예외적으로 바람직할 수도 있다. 또 어떤 것은 쾌락은 아닌데 쾌락처럼 보이기도 한다. 환자의 치료 과정처럼, 고통을 주긴 하지만 그 목적이 건강 회복에 있는 경우를 예로 들수 있다.

그러나 목적이 과정보다 더 중요하다고 해서, 쾌락보다 더 좋은 것이 반드시 있어야만 한다는 법은 없다. 왜냐하면 쾌락은 과정이 아니고, 또 모든 쾌락이 과정을 수반하는 것도 아니기 때문이다. 쾌락은 오히려 활동이요, 목적이다. 쾌락은 우리가 어떤 능력을 발휘할 때 생겨나는 것이다. 그리고 모든 쾌락이 자기 자신과 다른 목적을 갖는 것은 아니다. 단지 자신의 본성을 완성하고자 노력하는 사람들의 쾌락만이 자기 자신과 다른 목적을 갖는다.

한편 쾌락을 주는 것들 가운데 불건전한 것도 있기 때문에 쾌락이 나쁘다는 의견은, 건강에 좋은 것들 가운데도 돈벌이에 나쁜 것이 있기 때문에 건강을 위하는 것은 나쁘다고 하는 주장과 비슷하다. 실천적 지혜나 그 밖의 어떤 상태도 그것에서 생기는 쾌락 때문에 장해를 입지 않는다. 관조(觀照, 고요한 마음으로 사물이나 현상을 관찰함)나 공부를 통해 얻는 쾌락은 오히려 우리로 하여금 더욱더 잘 관조하게 하고, 더욱더 열심히 공부하게 한다.

절제 있는 사람은 쾌락을 피하고, 사려 깊은 사람은 고통 없는 생활을 추구하고, 어린아이들과 짐승들은 쾌락을 추구한다는 주장은 모두 앞의 논의와 관련해서 해결될 수 있다. 우리는 이미 어떤 의미에서는 쾌락이 무조건적으로 좋으며, 또 어떤 의미에서는 쾌락 가운데 좋지 않은 것도 있음을 지적하였다. 그런데 짐승과 어린아이는 후자와 같은 종류의 쾌락을 추구하고, 사려 깊은 사람은 이것들로부터 조용히 벗어나 고통 없는 상태를 추구한다. 즉, 짐승과 어린아이가 추구하는 쾌락은 욕정과 고통이 따르는 쾌락, 즉 육체적 쾌락과 지나친 것들이다. 그리고 이런 것들이 바로 그들을 방종하게 만든다. 그래서 절제 있는 사람은 이런 쾌락을 피한다.

그런데 사람들은 왜 육체적 쾌락을 추구할까? 그것은 우선 쾌락이 고통을 몰아내기 때문이다. 사람들은 고통을 많이 경험하기 때문에, 그것을 피하기 위해 지나친 쾌락이나 흔히 말하는 육체적 쾌락을 추구한다. 또 고통에 대한 치유책은 고통에 대한 반응이기 때문에 격렬한 감정을 낳는다. 그러기에 다른 활동에서 기쁨을 맛보지 못하는 사람들이 추구한다. 왜냐하면 이런 사람들은 육체적 쾌락 말고 다른 것에서는 전혀 기쁨을 느낄 수 없는 데다가, 쾌락도 고통도 아닌 중간 상태를 더욱 고통스러워하기 때문이다.

이상에서 살펴본 것처럼 쾌락이 곧 선은 아니고, 또 쾌락이라고 해서 모두 바람직하지 않은 것도 아니다. 산다는 것과 쾌락은 서로 밀접하게 연결되어 있으며 나눌 수 없는 것이다. 사실 활동이 없으면 쾌락도 생기지 않으며, 또 모든 활동은 그에 따르는 쾌락 때문에 완전하게 된다.

그런데 활동에는 그 좋고 나쁨에 있어 여러 가지 차이가 있다. 즉, 어떤 활동은 선택할 만한 가치가 있고 어떤 활동은 피해야만 하며, 또 다른 활동은 선택할 만한 것도 피해야만 할 것도 아니다. 따라서 쾌락에도 여러 차이가 있고, 이에 따라 우열이 결정된다. 그래서 관조나 사색이 주는 쾌락이 감각이 주는 쾌락보다 높다. 또한 감각이 주는 쾌락에서도 시각이 촉각보다 높으며, 청각과 후각이 미각보다 높다.

5부

우애

완전한 우애는 덕에 있어 서로 닮은 사람들 사이의 우애다. 그들은 상대방이 선한 사람인 경우에만 서로 좋은 것을 원하며, 그들 자신 또한 선한 사람이다. 자기 친구를 위해서 좋은 것을 바라는 사람들이야말로 가장 참된 의미의 친구라 할 수 있다. 이런 사람들은 그들의 본성 때문에 그렇게 하는 것이지 다른 목적이 있어서가 아니다. 그러므로 그들의 우애는 그들이 선한 동안 유지된다. 그리고 선은 오래 지속되는 성질을 지니고 있다.

5부_ 우애

　우리가 살아가는 데 있어 좋은 것을 모두 가지고 있다 해도, 만약 친구가 없다면 과연 행복할 수 있을까? 재물이나 권세도 남에게 그것을 베풀 기회가 없으면 무슨 소용이 있을까? 그런 덕을 친구들에게 베풀 때 가장 좋고, 가장 칭찬을 받을 것이다. 또 친구는 어려울 때 유일한 피난처이기도 하다.

　그런데 우리는 어떤 사람을 친구로 사귀는가? 친구에게서 얻고자 하는 것은 무엇인가? 아리스토텔레스는 사람들이 주로 세 가지, 즉 이익, 쾌락, 그리고 선을 위해서 친구를 사귄다고 말한다. 이 가운데 가장 고귀한 것은 물론 선을 위해 친구를 사귀는 것이고, 이런 사귐은 선한 사람들 사이에서만 가능하다. 그러므로 내가 좋은 친구를 얻고, 또 내가 좋은 친구가 되려면 제일 먼저 선한 사람이 되어야 한다고 주장한다.

우애란?

　우애, 즉 '필리아'는 덕은 아니지만 덕을 포함하고 있고, 또 우리가 살아가는 데 가장 필요한 것 가운데 하나다. 사실 친구가 없다면 다른 모든 좋은 것들을 가졌다 하더라도 살고 싶지 않을 것이다. 부유한 사람이나 높은 지위에 있는 사람이나, 또 나라를 다스리는 사람에게도 무엇보다 친구가 있어야 한다. 사실 재물이나 지위도 남에게 덕을 베풀 기회가 없다면 아무 소용이 없을 것이다. 훌륭한 덕을 친구들에게 베풀 때 가장 좋고, 또 가장 칭찬받을 만하지 않겠는가?

또 친구들이 없다면 자신이 얻은 재물이나 지위가 어떻게 잘 보호되고 유지될 수 있을까? 재물이나 지위는 많으면 많을수록 더 위험한 것이다. 그리고 사람들은 가난할 때나 여러 가지 나쁜 일을 당할 때, 유일한 피난처로서 친구들을 생각한다.

친구들은 젊었을 때는 잘못을 저지르지 않도록 도와주고, 나이가 들었을 때는 여러 가지 주변의 일을 보살펴 주며, 힘이 약해 할 수 없는 일을 대신 해 준다. 또한 한창 일할 나이에는 온갖 고귀한 일을 하도록 격려해 준다. "둘이서 함께 가면"(《일리아스》제10권 224)이라고 한 것처럼, 친구들과 함께 하면 사람들은 더 잘 생각하고 더 잘 행동할 수 있게 된다.

뿐만 아니라 부모는 자식에 대하여, 자식은 부모에 대하여 본성적으로 이런 친밀한 감정을 느끼는데, 이것은 인간에게서만이 아니라 동물에게서도 볼 수 있는 현상이다. 그것은 같은 종족 구성원 사이에서 느끼는 감정으로, 특히 인간에게서 두드러지게 나타난다. 그래서 우리는 동포인 인류를 사랑하는 사람을 찬양한다.

우애는 또한 국민들을 단합시키기 때문에 법을 만드는 사람들은 정의보다 이것에 더 마음을 쓴다. 왜냐하면 단합은 우애와 비슷한 것으로 보이며, 입법자들은 이것을 가장 소중한 목표로 삼기 때문이다. 그리고 서로 친한 사람들 사이에는 정의가 새삼 필요하지 않기 때문에 정의의 가장 참된 형태는 우애의 성질을 지닌다고 할 수 있다. 우애는 꼭 필요한 것일 뿐만 아니라 고귀한 것이다. 그래서 자기 친구들을 사랑하는 사람은 칭찬을 받으며, 친구가 많을수록 좋다고 생각한다. 또한 좋은 사람이라고 하면 동시에 우애 있는 친구라고 생각한다.

그런데 우애에 관해서는 다양한 생각이 있다. 어떤 사람은 우애를 일종의 동류의식(同類意識)이라고 정의하며, 비슷한 사람끼리 친구가 된다고 말한다. 이런 데서 "비슷한 것끼리 모인다."라는 말이 생긴 것이다.

이와 반대로 "같은 일에 종사하는 사람들끼리 의견이 맞는 일은 절대로 없다."라고 말하는 사람도 있다. 그래서 사람들은 좀 더 자연적인 원인을 찾아내어 "바싹 마른 대지는 비를 그리워하고, 장엄한 하늘에 가득 찬 비는 대지에 내리고 싶어한다."라거나, 또는 "서로 대립하는 것들이 서로 도움을 주는 법이다.", "서로 다른 음이 어울려서 가장 아름다운 음악이 나온다.", "만물은 투쟁을 통해서 변화한다."라고 말한다.

하지만 자연과 관련되는 문제들은 여기서 다룰 것이 못 되니, 여기서는 인간적인 성품과 관련된 문제들만 다루도록 한다. 예를 들면 우애는 어떤 사람들 사이에서 생기는 것인지, 또는 악한 사람들은 서로 친구가 될 수 없는지, 우애에는 오직 한 종류만 있는지 아니면 여러 가지 종류가 있는지 등에 관한 문제를 다뤄 보도록 하자.

우애의 종류는 사랑하는 대상을 살펴보면 알 수 있는데, 모든 대상이 사랑을 받는 것이 아니고 오직 '사랑할 만한 것'만이 사랑을 받는다. 그리고 사랑할 만한 것은 좋은 것, 즐거운 것, 또는 쓸모가 있는 것이다. 그런데 쓸모가 있는 것은 '그것으로 말미암아 어떤 선이나 쾌락이 생기는 것'이라 여겨지므로, 그 자체로 사랑할 만한 것은 선과 쾌락이다.

그러면 사람들이 사랑하는 것은 '일반적인 선'인가, 아니면 '자신을 위한 선'인가? 이 둘은 가끔 충돌하기도 한다. 사람들은 일반적으로 선은 무조건적으로 사랑할 만한 것이고, 자신을 위한 선은 각자에게만 사랑할 만한 것이라고 생각한다. 그러나 사실 사람들은 자기에게 좋은 것이 아니라, 자기에게 좋아 보이는 것을 사랑하는데, 이것은 결국 마찬가지다. '사랑할 만한 것'은 곧 '사랑할 만한 것으로 보이는 것'이기 때문이다.

사람들의 사랑에는 세 가지 근거가 있다. 무생물에 대한 사랑에는 우애라는 말을 쓰지 않는다. 그것은 서로 사랑하는 것이 아니고, 또 그 무생물에게 선이 있기를 바라지도 않기 때문이다. 그러나 우리가 친구에게 어떤 것을 원할 때는 그것이 친구 자신을 위한 것이어야 한다. 그런데 이렇게 나는 선을 원하는데 상대방이 응답하지 않는 경우는 우애가 아니며, 그냥 상대방에게 선의를 가지고 있는 것일 뿐이다. 우애란 서로 선의를 주고받을 때 생겨난다.

여기에 우리는 '그것이 인식되어야 한다.'는 것을 보태야 한다. 사실 많은 사람이 '한 번도 보지 못했지만, 좋은 사람이고 쓸모 있는 사람이라고 판단되는 사람'에게 선의를 갖게 되는 경우가 있기 때문이다. 그러나 그들이 서로의 감정을 알지 못한다면, 어떻게 그들을 친구라 부를 수 있겠는가?

그러므로 친구가 되기 위해서는 앞에서 말한 이유들 가운데 어느 하나 때문에 선의를 품고 있고, 서로 상대방과 선을 주고받기를 원해야 한다는 사실을 알아야 한다.

선의를 갖는 이유에도 여러 가지가 있는데, 이에 대응하는 애정이나 우애도 그 종류가 서로 다르다. 우애에는 '사랑할 만한 것'과 같이 세 종류가 있다.

우선 상대방의 쓸모 있음 때문에 사랑하는 사람들은 상대방을 위해서가 아니라, 상대방에게 얻을 어떤 좋은 것 때문에 사랑하는 것이다. 쾌락 때문에 사랑하는 이들도 이와 같다. 예를 들어 유머 있는 사람을 좋아하는 것은 그의 성품 때문이라기보다는 그와 함께 있으면 유쾌하기 때문이다.

그러므로 쓸모 있음이나 쾌락 때문에 상대방을 사랑하는 사람들은 자신에게 좋기 때문에 사랑하는 것이다. 즉, 그들은 상대방의 성품을 사랑하는 것이 아니라, 그가 쓸모 있거나 유쾌하기 때문에 사랑한다. 따라서 이런 경우에 우애는 다만 부수적일 뿐이다. 이러한 우애는 상대방이 전과 달라지면 쉽게 없어진다. 쓸모 있음과 유쾌함은 영원한 것이 아니라 늘 변하기 마련이다. 그러므로 이런 우애는 그 동기가 사라지면 곧 없어진다. 집주인과 손님의 우애가 이런 종류의 우애다.

한편 젊은 사람들의 우애는 쾌락을 목표로 한다. 왜냐하면 그들은 감정에 따라 살며 다른 무엇보다도 자신에게 쾌락을 주는 것, 그것도 바로 눈앞에 있는 것을 추구하기 때문이다. 그래서 그들은 친구가 되는 것도 빠르고 헤어지는 것도 빠르다. 그들의 우애는 즐겁게 여기는 것이 변하면 바뀌며, 또 급히 바뀐다.

젊은이들은 성적 욕구가 강하다. 그런데 성적인 애정에 기초한 우애는 대부분 정념을 따르며, 또 쾌락을 목적으로 한다. 그리하여 그들은 사랑하게 되었다가도 금방 사랑하지 않기도 하며, 심한 경우에는 하루에도 여러 차례 변한다.

완전한 우애는 덕에 있어 서로 닮은 선한 사람들 사이의 우애다. 그들은 상대방이 선한 사람인 경우에만 서로 좋은 것을 원하며, 그들 자신 또한 선한 사람이다. 자기 친구를 위해서 좋은 것을 바라는 사람들이야말로 가장 참된 의미의 친구라 할 수 있다. 이런 사람들은 그들의 본성 때문에 그렇게 하는 것이지 다른 목적이 있어서가 아니다. 그러므로 그들의 우애는 그들이 선한 동안 유지된다. 그리고 선은 오래 지속되는 성질을 지니고 있다.

그들은 각자가 무조건 그 친구에게 선하다. 따라서 그들은 또한 즐겁기도 하다. 그러므로 이러한 우애는 오래 지속할 수 있다. 사실 모든 우애는 선이나 쾌락을 위해서 있는 것이며, 어떤 동류의식에 기반하고 있다. 그러나 이러한 우애가 흔하지 않은 것은 당연하다. 그런 사람이 드물기 때문이다. 더군다나 그러한 우애는 시간과 친숙함을 필요로 한다. 속담에 있는 말처럼 "소금을 함께 먹은" 뒤가 아니고서는 서로 상대방을 알 수 없다.

또 서로 사랑할 만하다고 생각하고 서로에게 신뢰를 얻기 전까지는, 친구가 될 수도 없고 우애가 생길 수도 없다. 우애의 정을 급하게 나타내는 사람은 빨리 친구가 되기를 원한다. 하지만 둘 다 사랑할 만하다고 생각하고, 또 이 사실을 두 사람이 모두 알고 있지 않는 한, 그들은 친구가 아니다. 우애를 바라는 마음은 금방 생기지만, 우애는 금방 생기는 것이 아니기 때문이다.

그러므로 선한 사람들끼리 나누는 우애는 지속적이라는 점에서나 그 밖의 다른 모든 점에서 완전한 것이다. 이런 우애에서는 각자가 상대방에게서 자기가 주는 것과 똑같거나 비슷한 것을 얻는다.

쾌락을 위한 우애도 완전한 우애와 비슷한 점이 있다. 선한 사람들도 상대방에게 서로 즐거운 사람들이기 때문이다. 또 쓸모 있음 때문에 생긴 우애도 그렇다. 선한 사람들은 서로 상대방에게 쓸모가 있기 때문이다. 그러나 쾌락이나 쓸모 있음 때문에 맺은 우애는 진실성도 적고 지속성도 적다. 쾌락이나 쓸모 있음 때문에 친구가 된 사람들은 그것이 다하면 서로 헤어진다. 또한 쾌락이나 쓸모 있음을 위해서라면 나쁜 사람끼리도 친구가 될 수 있고, 또 좋지도 나쁘지도 않은 사람이라면 어떤 사람과도 친구가 될 수 있다.

그러나 인간 자신을 위해 서로 친구가 될 수 있는 사람은 오직 선한 사람들뿐이다. 왜냐하면 나쁜 사람들은 서로 사귀어서 이익이 없으면 상대방에게서 기쁨을 느끼지 않기 때문이다.

근거 없이 남이 헐뜯는 말에 흔들리지 않는 것도 오직 선한 사람들만의 우애다. 오래 사귀고 잘 아는 사람에 대해서는 누가 무슨 말을 해도 쉽게 믿지 않기 때문이다. 그리고 선한 사람들만이 이러한 신뢰와 '그 사람은 절대 나를 해칠 리 없다.'는 믿음, 그리고 이 밖에 참된 우애에 필요한 모든 것을 지니고 있다.

나쁜 사람들은 쾌락이나 쓸모 있음 때문에 친구가 되지만, 선한 사람들은 그들 자신 때문에, 즉 그들이 선한 사람인 까닭에 서로 친구가 된다. 그러므로 후자는 무조건적인 의미에서 친구지만, 전자는 단지 다른 목적에 부속되어 후자와 비슷하게 보여서 친구다.

하여튼 이상에서 말한 여러 우애는 균등성을 가지고 있다. 왜냐하면 친구들은 상대방에게서 같은 것을 얻으며, 상대방을 위해 같은 것을 원하고, 또 때로는 서로 다른 것을 교환하기 때문이다.

그러나 이상에서 말한 우애 외에 또 다른 종류의 우애, 즉 불평등한 관계에 있는 사람 사이의 우애가 있다. 예를 들어 아들에 대한 아버지의 우애와 일반적으로 아랫사람에 대한 윗사람의 우애, 그리고 아내에 대한 남편의 우애와 피지배자에 대한 지배자의 우애 등이 그것이다. 불평등한 관계에서의 우애는 그 애정도 역시 비례적이어야만 한다. 즉, 더 훌륭한 삶을 사는 사람이 그가 사랑하는 상대방에게서 더 큰 사랑을 받아야 하고, 더 쓸모 있는 사람도 그러해야 한다.

세상의 많은 사람들은 명예욕 때문에 자기가 사랑하는 것보다는 상대방에게서 사랑받는 것을 더 원하는 것 같다. 아첨을 좋아하는 사람이 많은 것은 이 때문이다. 아첨하는 사람이란 '상대방보다 낮은 지위에 있는 친구, 또는 이런 친구인 척하면서 자기가 사랑받는 이상으로 상대방을 사랑하는 척하는 사람'인데, 사랑을 받는 것은 존경을 받는 것과 비슷해 보인다. 존경받는 것은 대개 누구나가 바라는 것이다. 그런데 사람들이 명예를 좋아하는 것은 그 자체 때문이 아니라 그에 따른 다른 것 때문이다. 즉, 다른 사람들의 판단에 힘을 얻어 그들 자신의 선을 내세울 수 있어서다.

어쨌든 우애는 사랑을 받는 것보다는 오히려 사랑을 주는 것에 깃들어 있는 듯하다. 그것은 자식에 대한 사랑을 기쁨으로 여기는 어머니들을 보면 쉽게 알 수 있다. 어머니들은 자식이 어머니에게 해드려야 할 일을 전혀 하지 못하더라도 자식을 사랑하기 때문이다.

우애와 비슷한 것에는 무엇이 있을까?

우애와 비슷한 것으로는 호의와 합심, 자기애가 있다. 먼저 호의는 우애와 비슷하긴 하나, 우애와 같지는 않다. 왜냐하면 호의는 서로 아는 사이가 아닌 사람에게도 가질 수 있고, 또 상대방이 내가 호의를 느낀다는 것을 알지 못해도 성립하지만, 우애는 그렇지 않기 때문이다. 또한 호의는 애정과도 다르다. 애정과 같은 강렬함이나 욕망을 포함하지 않기 때문이다. 그리고 애정은 친한 사이에서 생기는 것이지만, 호의는 갑자기 생기는 수도 있다.

그러므로 마치 눈으로 보는 즐거움이 연애의 시작이듯이 호의는 우애의 시작이다. 사실 사랑하는 사람의 모습에서 먼저 기쁨을 느끼지 않는다면 아무도 연애를 하지 않을 것이다. 그러나 상대방의 모습에서 기쁨을 느꼈다고 해서 반드시 연애를 하는 것은 아니다. 상대방이 없을 때 그리워하고 그가 자기 곁에 있기를 원할 때 비로소 연애를 하고 있다고 말할 수 있다.

이와 마찬가지로 서로 호의를 느끼지 않고서는 친구가 될 수 없지만, 호의를 느낀다고 해서 모두 친구가 되는 것은 아니다. 호의가 오랜 시간을 거쳐 상대방과 친밀한 데까지 이르면 우애가 된다고 말할 수 있다. 물론 이때의 우애는 필요성이나 쾌락으로 말미암은 것이 아니다.

혜택을 입은 사람은 자기가 받은 것에 대한 보답으로 상대방에게 호의를 보이는데, 이것은 당연한 일이다. 그런데 상대방을 통해서 자기가 부유해지기를 바라기 때문에 상대방의 번영을 바라는 사람은, 상대방에게 호의를 가지고 있는 것이 아니라 자기의 이익을 추구하는 것일 뿐이다. 이것은 마치 상대방을 이용하려고 잘해 주는 사람을 친구라고 하지 않는 것과 같다. 호의는 주로 어떤 덕이나 가치 때문에 생기는 것이다.

합심도 우애와 비슷하다. 그래서 합심은 의견 일치와는 다르다. 의견의 일치는 서로 알지 못하는 사람들 사이에서도 있을 수 있다. 하지만 어떤 문제에 대해 같은 의견을 가졌다고 해서 서로 합심했다고 하지는 않는다. 사람들은 실천적인 일에 대해서, 그 가운데서도 특히 중요하고 서로가 원하는 것을 얻을 가능성이 있는 일에 대해서 합심한다. 예를 들어 어떤 나라의 국민 전부가 '정치인은 선거에 의해 뽑아야 한다.'라고 생각한다면, 그 나라는 합심하고 있는 것이다.

그런데 합심은 선한 사람들 가운데 존재한다. 어떻게 보면 그들은 늘 합심하고 있다. 그들은 항상 한마음을 품고 있기 때문이다. 즉, 그들은 항상 옳은 일을 추구하므로, 그 일을 처리하기 위해 함께 노력한다.

이와는 반대로 악한 사람들은 서로 친구가 될 수도 없고, 합심도 아주 적은 정도로밖에 할 수 없다. 악한 사람들은 상대방보다 많은 이익을 차지하려 하지만, 힘든 일이나 봉사는 하지 않으려 하기 때문이다. 뿐만 아니라 그들은 자신의 이익을 위해 이웃을 감시하고 방해한다. 그 결과 그들은 대립하거나 분열되어 상대방에게 강요만 할 뿐, 자신은 옳은 일을 하려 들지 않는다.

이제 자기 자신을 사랑할 것인가, 아니면 남을 사랑할 것인가에 대해 생각해 보자. 사람들은 자신만을 사랑하는 사람을 비판하면서 이런 사람을 '자신만 사랑하는 사람'이라고 부르는데, 이 말에는 기분 나쁘게 여기는 의미가 포함되어 있다. 사실 나쁜 사람은 무슨 일이든지 자기 자신만을 위해서 한다. 그래서 사람들은 자신을 위한 일이 아니면 하지 않는 사람을 비난한다. 반면에 좋은 사람은 자기의 이익을 희생하면서 고귀함을 위해, 그리고 친구를 위해 행동한다.

그러나 이것은 맞지 않는 부분도 있다. 왜냐하면 사람들은 자신의 가장 좋은 친구를 가장 사랑해야 한다고 말하는데, 가장 좋은 친구란 나에 대해 가장 잘 아는 사람이라고 할 수 있다. 그렇다면 나에 대해 가장 잘 아는 사람은 바로 나 자신이다. 그러므로 내가 나의 가장 좋은 친구이며, 따라서 나를 가장 사랑하지 않으면 안 된다.

이러한 두 생각이 모두 그럴 듯해서, 그 가운데 어느 것을 따를지가 문제가 된다. 이에 대한 해결책은 다음과 같다. 우리가 흔히 보는 자기애의 모습은 좋지 못한 형태의 자기애이기 때문에 '자신만을 사랑하는 사람'이란 말이 좋지 않은 의미에서 쓰이게 된 것이다. 만일 어떤 사람이 올바르고 절제하며, 여러 가지 덕에 따라 살려고 늘 마음을 쓰고, 또 고귀한 길을 찾으려고 늘 애쓴다면 아무도 이런 사람을 자신만 사랑하는 사람이라 부르거나 욕하지는 않을 것이다. 바로 이런 사람이야말로 자신을 사랑하는 사람이라 부를 수 있다.

이러한 사람은 가장 고귀하고 가장 선한 일을 하려 하며, 자기 자신 속에 있는 가장 고귀한 것의 뜻에 따르고 복종한다. 그런데 이성이 바로 가장 고귀한 것이기 때문에 선한 사람은 자신의 이 이성적 부분을 가장 사랑한다. 그러므로 선한 사람은 참으로 자기를 사랑하는 사람이라 할 수 있다. 따라서 선한 사람은 '자신을 사랑하는 사람'이 되어도 문제가 없지만, 악한 사람은 '자신을 사랑하는 사람'이 되어서는 안 된다.

우애는 왜 필요한가?

사람이 행복하려면 꼭 친구가 필요할까에 대해 생각해 보자. 사람들은 흔히 행복하고 스스로 만족하는 사람에게는 친구가 필요 없다고 말한다. 그 사람은 좋은 것들을 많이 가지고 있기 때문에 더 이상 필요한 것이 없다는 것이다.

그런데 행복한 사람에게는 좋은 것이 모두 있다고 하면서, 겉으로 보이는 선들 가운데 최고의 것인 친구가 필요 없다는 것은 이상하다. 그리고 남에게 받는 것보다는 남에게 베풀기를 잘하는 것이 친구의 특징이고, 선을 베푸는 것이 착한 사람의 특징이며, 또 낯선 사람보다는 친구에게 잘해 주는 것이 더욱 아름다운 것이라고 할 때, 착한 사람에게는 자기가 잘해 줄 사람이 필요할 것이다. 확실히 더 없이 행복한 사람이 고독하다는 것은 말이 안 된다.

사실 인간은 사회적인 존재요, 그 본성이 남과 더불어 살도록 되어 있다. 그래서 행복한 사람도 다른 사람들과 더불어 사는 것이다. 그리고 전혀 알지 못하는 사람이나 우연히 만난 사람과 함께 지내는 것보다는 친구나 착한 사람과 함께 지내는 것이 훨씬 더 좋다. 따라서 행복한 사람에게도 당연히 친구가 있어야 한다.

그러면 친구는 많을수록 좋은가, 아니면 손님을 초대했을 때 "손님이 너무 많은 것도 좋지 않고, 아주 없는 것도 좋지 않다."라는 속담처럼 친구가 너무 많거나 적은 것은 좋지 않은 것일까?

친구의 경우에는 함께 생활할 수 있는 최대한의 수가 이상적일 것이다. 우리는 많은 사람과 함께 살 수 없고, 나 자신을 많은 사람들에게 쪼개어 줄 수도 없다. 또 많은 사람과 더불어 진심으로 기뻐하고 슬퍼하면서 친하게 지내기도 어렵다. 예를 들면 한 친구와 기뻐한 뒤 금방 다른 친구하고는 슬퍼해야 하는 경우가 생길 수도 있다. 그러므로 많은 친구를 사귀려 하기보다는 함께 지내기에 알맞은 만큼의 친구를 사귀는 것이 좋다.

많은 사람에게 좋은 친구가 되기는 쉽지 않다. 깊은 우정은 오직 몇몇 사람에게서만 느낄 수 있다. 친구가 많고 그들 전부와 친하게 어울리는 사람은 누구의 친구도 아니라고 여겨진다. 덕에 기초한 진정한 우애를 많은 사람과 더불어 나눌 수는 없기 때문이다.

그렇다면 친구가 더욱 필요할 때는 언제인가? 삶이 편안할 때인가, 아니면 어려움을 만났을 때인가? 우리는 물론 언제나 친구를 원한다. 즉, 어려움에 처했을 때는 도움이 필요하고, 삶이 편안할 때는 함께 지내며 은혜를 베풀어 줄 대상이 필요하다.

사람들은 대부분 어려움에 처했을 때 친구를 더욱 필요로 한다. 이런 경우에 우리는 자신에게 필요한 친구를 원한다. 그러나 평소에는 오히려 마음이 고귀한 친구를 원하며, 또 선한 사람을 친구로 사귀려고 한다.

사실 평소에나 어려움이 있을 때나 친구가 곁에 있다는 것은 기쁜 일이다. 어려운 일이 있을 때 친구는 슬픔에 대한 방패막이 되어 준다. 한편 평소에는 친구들이 곁에 있으면 즐거운 나날을 보낼 수 있고, 우리 자신의 행복을 그들이 함께 기뻐해 준다는 즐거운 생각을 갖게 된다. 그래서 우리가 행운을 만나면 그 기쁨을 나누기 위해 친구들을 부르게 되는 것이다.

그러나 어려운 일을 당했을 때는 친구 부르기를 망설인다. 우리의 불행을 그들과 나누지 않기 위해서다. 그래서 친구가 많이 불편하지 않고도 우리에게 큰 도움을 줄 수 있을 거라 생각될 때 친구를 부른다. 이와 반대로 어려움에 빠진 친구를 도와줄 때는 부르러 오지 않아도 될 수 있는 대로 빨리 가서 도와주는 것이 마땅하다. 그러나 그가 친절을 베풀려 할 때에는 천천히 가야 한다. 은혜를 받는 데 신경을 쓰는 것은 고귀한 일이 못 되기 때문이다. 그렇지만 친구가 베푸는 호의를 거절함으로써 그의 기쁨을 빼앗는 것도 피해야 한다.

그러므로 친구가 있다는 것은 어느 경우에나 바람직하다. 사람들은 어떤 삶을 살든, 어떤 생활을 높이 평가하든 서로 자신과 뜻이 맞는 사람들끼리 같이 생활하고 싶어한다. 그래서 어떤 사람들은 함께 먹고 마시고, 어떤 사람들은 함께 주사위 놀이를 하며, 또 어떤 사람들은 운동이나 사냥을 같이 하고, 또는 철학을 함께 공부한다. 이와 같이 각 부류마다 인생에서 자기들이 제일 좋아하는 것을 함께 하면서 살아간다.

하지만 좋지 못한 사람들의 우애는 결국 좋지 못한 것이 된다. 그들은 마음이 들떠 있어서, 나쁜 짓을 할 때 쉽게 마음이 맞아서 서로 상대방을 닮아가게 되어 함께 악해지기 때문이다. 반대로 선한 사람들의 우애는 좋은 것이고, 그들이 서로 사귐으로써 이 선은 더욱 커진다. 그들은 상대방을 더 나은 사람이 되게 함으로써 더욱 훌륭한 사람이 된다고 생각한다. 그들은 서로 상대방의 좋은 점을 본받기 때문이다. 그래서 "좋은 사람에게서 좋은 일이."라는 속담이 생긴 것이다.

6부
다시 행복에 대하여

행복이 덕을 따르는 활동이라면, 당연히 그것은 최고의 덕을 따르는 것이어야 한다. 최고의 덕은 우리들 속에 있는 가장 좋은 것과 관련되는 덕이다. 그런데 우리의 본성을 지배하고 이끌며, 우리로 하여금 아름답고 신적인 것들을 추구하게 하는 부분은 이성이다. 그러므로 고귀한 덕을 따르는 이성의 활동이 완전한 행복인 것이다.

6부_ 다시 행복에 대하여

이제까지 우리는 도덕적인 덕, 지적인 덕, 자제와 쾌락, 우애 등 많은 것에 대해 이야기했다. 이제 남은 것은 행복의 본성을 파악하는 일이다. 행복이야말로 인간이 살아가는 모든 일의 궁극적인 목적이다. 행복은 어떤 상태가 아니라, 인간의 고유한 본성인 이성에 따르는 활동이다. 그렇다면 이성에 따르는 삶은 무엇일까? 그리고 행복한 삶을 위해 국가는 어떤 역할을 해야 할까? 이것에 대한 아리스토텔레스의 설명을 들어 보자.

최고의 행복

이제까지 우리는 온갖 덕, 우애, 쾌락에 대해서 이야기했다. 이제 남은 것은 행복의 본성을 살펴보는 것이다. 행복이야말로 인간의 모든 행위의 궁극적 목적이기 때문이다. 먼저 앞에서 말한 것을 요약해 보면, 논의가 좀 더 간단해질 것이다.

행복은 어떤 상태가 아니라 오히려 하나의 활동이다. 만일 행복이 어떤 상태라고 하면, 그것은 식물인간처럼 일생 동안 잠들어 있는 사람에게도 속하고, 또 큰 불행을 당한 사람에게도 해당될 것이다.

활동에는 다른 어떤 것 때문에 바람직한 것도 있고, 그 자체로 바람직한 것도 있다. 행복은 분명히 그 자체로 바람직한 것이다. 행복은 또한 아무것도 부족하지 않고 스스로 만족할 수 있는 것이다. 그 자체로 바람직한 활동은 그 활동 이외에 다른 것을 바라지 않는 활동이다. 덕이 있는 행동이 바로 이러한 활동이다. 고귀하고 좋은 행위를 하는 것은 그 자체로 바람직하다.

흔히 즐거운 오락도 이러한 성질을 가진 것으로 생각된다. 우리는 다른 어떤 것 때문에 즐거운 오락을 선택하지는 않는다. 그런데 오락을 즐기는 가운데 우리의 몸과 재산을 소홀히 하게 되어, 오락에서 이익을 얻기보다는 오히려 해악을 입는다. 그러나 세상에서 행복하다고 여겨지는 사람들은 대부분 오락으로 시간을 보낸다. 그래서 참주(僭主)의 궁정에서는 오락을 잘하는 사람이 높은 평가를 받는다.

그런데 참주의 지위에 있는 사람이 오락을 즐기기 때문에 오락이 행복의 성질을 갖는다고 말하는 것은 옳지 않다. 참주가 즐긴다고 해서 오락이 행복이라고 말할 수는 없기 때문이다. 좋은 활동이 흘러나오는 덕이나 이성은 참주의 지위에서 나오는 것이 아니기 때문이다.

또 순수하고 의젓한 쾌락을 한 번도 맛본 적이 없는 참주와 같은 사람들이 육체적인 쾌락으로 도망친다 해도 육체적인 쾌락이 더 바람직한 것으로 생각되어서는 안 된다. 어린아이들도 저희들 사이에서 소중히 여겨지는 것을 가장 좋은 것으로 여긴다. 어린아이와 어른에게 소중한 것이 서로 다른 것처럼, 나쁜 사람과 좋은 사람에게도 그것은 서로 같지 않다.

지금까지 이야기한 바와 같이, 좋은 사람에게 소중하기도 하고 즐겁기도 한 것이야말로 정말 소중하고 즐거운 것이다. 그리고 누구에게나 그 자신의 상태에 어울리는 활동이 가장 바람직한 것이다. 따라서 선한 사람에게는 덕에 맞는 활동이 가장 바람직하다. 이런 까닭에 행복은 오락 속에 들어 있는 것이 아니다. 오락을 위해 일하고 고생을 참는다는 것은 어리석고 철부지 같은 짓으로 보인다. 오히려 일하기 위해서 오락을 하는 것이 더 옳아 보인다.

오락은 일종의 휴식이다. 우리는 계속 일을 할 수 없기 때문에 휴식을 필요로 한다. 그러므로 휴식은 하나의 목적이 아니라 활동을 위해 필요한 것일 뿐이다. 따라서 행복한 생활은 덕이 있는 활동이고, 이것은 노력을 필요로 한다.

이와 같이 행복이 덕을 따르는 활동이라면, 당연히 그것은 최고의 덕을 따르는 것이어야 한다. 최고의 덕은 우리들 속에 있는 가장 좋은 것과 관련되는 덕이다. 그런데 우리의 본성을 지배하고 이끌며, 우리로 하여금 아름답고 신적인 것들을 추구하게 하는 부분은 이성이다. 그러므로 고귀한 덕을 따르는 이성의 활동이 완전한 행복인 것이다.

그리고 고귀한 덕을 따르는 이성의 활동은 관조적인 것이다. 왜냐하면, 첫째로 이 활동이 최선의 활동이기 때문이다. 이성은 우리 속에서 최선의 것이며, 또한 이성의 대상은 인식할 수 있는 대상 가운데 최선의 것이다. 둘째로는 이 활동이 가장 연속적이기 때문이다. 우리는 다른 무엇을 하는 것보다도 진리를 관조하는 일을 가장 연속적으로 할 수 있다.

행복에는 즐거움이 포함되어 있는데, 덕에 따른 활동 가운데 철학적 지혜의 활동이 가장 즐거운 것이다. 지혜를 사랑하는 것, 즉 철학은 그 순수성과 신뢰성에서 가장 큰 즐거움을 제공한다. 그리고 진리를 알고 있는 사람들이 진리를 탐구하는 사람들보다 더 즐겁게 지내는 것은 당연하다.

또 스스로의 만족감이 가장 큰 것도 관조의 활동이다. 철학자도 의로운 사람이나 그 밖에 다른 어떤 덕을 가진 사람과 마찬가지로 생활을 위해 여러 가지가 필요하다. 그런데 이런 것이 충분할 경우에도 의로운 사람은 자신의 의로움을 베풀 상대방을 필요로 하고, 또 절제하는 사람이나 용감한 사람도 그것을 발휘할 대상을 필요로 하는 데 비해, 철학자는 자기 혼자 있을 때도 진리를 관조할 수 있다.

그리고 철학자는 지혜가 많을수록 더욱 잘 관조할 수 있다. 물론 그와 함께 철학하는 친구가 있다면 관조를 더욱 잘할 수도 있겠지만, 친구가 없어도 그는 스스로 가장 만족할 수 있다. 그래서 관조의 활동만이 그 자체로 사랑받는 것이다.

행복은 한가함 속에도 있다. 우리가 바쁘게 일하는 것은 한가함을 얻기 위해서다. 마치 평화롭게 살기 위해서 전쟁을 하는 것처럼 말이다. 그런데 생활 속에서 덕과 관련되는 여러 가지 활동은 정치나 군사적인 행동에서 알 수 있듯이 한가함과는 거리가 먼 경우가 많다. 전쟁을 하는 경우 한가함이란 상상할 수도 없다. 더구나 용기를 덕으로 삼아 싸운다 해도 살인을 피할 수는 없는 일이다. 그러므로 덕이 있는 행동들 가운데서 아무리 정치적 행동이나 군사적 행동이 고귀하고 그 규모가 뛰어난 것이라 해도, 그것들은 그 자체 때문에 바람직한 것이 아니고 한가함과도 거리가 멀다.

반면에 이성의 활동은 관조하는 것으로서, 그 진지함에 뛰어난 가치가 있다. 또한 행복한 사람에게 속한 모든 성질과 연관되어 있다. 즉, 이성의 활동은 그 자신 이외에는 다른 목적을 갖고 있지 않으며, 그 자신에게 고유한 즐거움, 스스로 만족함, 한가함, 진지함과 같은 성질을 갖고 있다. 따라서 이러한 활동이야말로 인간의 가장 궁극적인 행복이라 할 수 있다. 물론 이 활동은 모든 생애에 걸쳐 이루어져야 한다.

하지만 이러한 생활은 인간이 도달하기에는 너무 높은 것으로 보인다. 사람이 이런 생활을 할 수 있는 것은 인간이라는 한계를 벗어나 인간 속에 잠재된 신적인 그 무엇이 있기 때문이다. 그러므로 이성이 인간적인 것이 아니라 신적인 것이라고 하면, 이성을 따르는 생활은 인간적인 생활이 아니라 신적인 생활이라 할 수 있다. 그러므로 우리는 "결국 인간이니 인간적인 일을, 또 죽어 없어질 따름이니 죽어 없어질 것들을 생각하라."는 충고를 따를 것이 아니라, 오히려 할 수 있는 데까지 자신을 영원한 존재가 되게 하고 우리 안에 있는 최선의 것을 따라 살도록 모든 노력을 기울여야 한다.

이 최선의 것은 부피는 작지만 그 능력과 가치는 모든 것을 넘어선다고 할 수 있다. 또 이런 최선의 것이야말로 그 사람 자신이라고 부를 수 있다. 왜냐하면 그것이 그 사람의 가장 좋은 부분이며, 그 사람을 이끌고 지배하기 때문이다.

어떤 것이든지 그것에 고유한 것이 본성상 가장 좋고 즐거운 것이다. 그러므로 사람에게는 이성을 따르는 생활이 가장 좋고 가장 즐거운 것이다. 이성이 다른 무엇보다도 인간을 인간답게 만들기 때문이다. 그러므로 이러한 생활이 또한 가장 행복한 생활이다.

이성이 아닌 다른 종류의 덕을 따르는 생활은 행복의 순서로 보면 이차적으로 행복한 것이다. 그런 덕을 따르는 활동은 인간의 형편에 어울리는 것이기 때문이다. 의로운 행위라든가 용감한 행위, 이 밖에 덕이 있는 행위를 우리가 하는 것은, 계약이라든가 봉사라든가 하는 온갖 행동 또는 정념과 관련해서 우리들 각자의 의무를 지키기 위해서다. 그리고 이 모든 것은 지극히 인간적인 것으로 보인다. 이것들 가운데 어떤 것은 심지어 육체에서 생겨난 것도 있다.

또한 도덕적인 덕은 여러 가지 형태로 정념과 연결되어 있다. 실천적 지혜도 도덕적인 덕과 연결되어 있으며, 역으로 도덕적인 덕도 실천적 지혜와 연결되어 있다. 이것은 실천적 지혜의 원리가 도덕적인 덕과 어울리고, 또 도덕에서 옳음이 실천적 지혜와 어울리기 때문이다. 도덕적인 덕은 또한 정의와도 관련을 가지므로, 그것은 우리의 복합적 본성에 속할 수밖에 없다. 그리고 우리의 복합적 본성의 덕은 인간적인 것이다. 그러므로 이러한 덕에 대응하는 생활과 행복 역시 인간적인 것이다.

이에 반하여 이성의 덕은 독립적이다. 이에 대해 자세히 이야기하는 것은 너무 복잡한 일이기 때문에 이 정도로 말할 수밖에 없다.

이성에 따르는 관조적 활동이 완전한 행복이라는 것은 다음과 같은 경우에서도 분명하다. 우리는 신들이 다른 어떤 존재보다도 축복받고 행복한 존재라고 생각한다. 그런데 어떤 종류의 행동이 신들에게 속한다고 봐야 할까? 정의의 행동일까? 그러나 신들이 계약을 한다거나 부채를 갚는다고 하면 우습지 않을까? 그러면 위험한 일과 대결하여 모험을 하는 것이 고귀한 일이니까, 이러한 용감한 행동이 그들에게 속한다고 봐야 할까? 그렇지 않으면 관후한 행동이 그것일까? 그러나 도대체 그들은 누구에게 준단 말인가? 또 절제하는 행위는 어떤가? 욕정을 가지고 있지 않은 그들에게 과연 절제가 필요할까? 이런 것들은 모두 신들에게 맞지 않는다.

그런데도 사람들은 신들은 살아 있고 활동하는 존재라고 생각한다. 살아 있는 존재에게서 이런 행동들을 모두 떼어 낸다면, 남는 것은 순수한 관조밖에 없지 않을까? 따라서 인간의 모든 활동 가운데 신의 활동과 가장 많이 닮은 것이 바로 관조이고, 이것이 가장 행복한 것이라 할 수 있다. 따라서 관조를 많이 하면 할수록 더욱 행복해진다.

다음 경우도 이성에 따르는 관조적 활동이 완전한 행복임을 보여 준다. 즉, 인간 이외의 다른 동물들은 이성에 따르는 관조 활동을 전혀 할 수 없다. 따라서 그들은 완전한 행복을 결코 누릴 수 없다. 신들은 항상 관조적이기 때문에 생활 전체가 축복받은 것인 반면에 인간 이외의 다른 동물들은 관조에 전혀 참여하지 못하기 때문에 결코 행복할 수 없다.

한편 인간은 이성에 따르는 관조적 활동을 할 때 행복할 수 있다. 관조를 많이 할수록 그 사람은 더욱더 행복해진다. 행복은 순수한 관조에 뒤따라 일어나는 것이 아니라, 순수한 관조 속에 깃들어 있다. 순수한 관조는 그 자체로 소중하며, 따라서 행복은 어떤 형태의 순수한 관조라고 할 수 있다.

그러나 우리는 사람인 까닭에 외부의 좋은 조건도 필요로 한다. 우리의 본성은 스스로 충족될 수 있는 것이 아니다. 우리의 육체는 건강해야 하고, 음식 등 여러 가지로 필요한 것이 많기 때문이다. 그러나 사람이 외부의 여러 가지 선 없이는 행복을 얻을 수 없다는 이유만으로, 행복하게 되려면 많은 물건과 여러 가지 큰 것들이 있어야 한다고 생각해서는 안 된다.

사실 우리는 별로 좋지 않은 조건에서도 덕이 있게 행동할 수 있다. 이것은 아주 명백하다. 아무 권력 없는 사람들이 전제 군주들보다도 가치 있는 행위를 하는 경우가 있으니 말이다. 아니, 사실은 그들이 전제 군주들보다도 가치 있는 행위를 더 많이 한다. 따라서 덕에 따라 행동하는 사람의 생활은 행복하므로, 어느 정도의 조건만 갖춰져 있어도 충분하다.

솔론은 "행복한 사람이란 외부의 것을 그다지 넉넉하게 갖고 있지 않지만 고귀한 행위를 하며, 또 절제하는 생활을 하는 사람"이라고 말했다. 이는 행복한 사람의 모습을 잘 그려낸 말이다. 아낙사고라스도 행복한 사람이란 부자도 아니고 전제 군주도 아니라고 생각했던 것 같다. 그래서 그는 "행복한 사람이 대부분의 사람에게는 행복해 보이지 않는다 해도 조금도 이상하지 않다."라고 말했다. 대부분의 사람들은 외부적인 것밖에 모르기 때문에 이런 것들로 섣불리 판단해 버린다.

자기의 이성에 따라 활동하고 그 이성을 가꾸고 자라게 하는 사람은 최선의 정신 상태에 있으며, 또한 신으로부터 가장 많은 사랑을 받는다. 이 사람은 신들이 소중하게 여기는 일에 마음을 쓰고, 또 옳고 귀하게 행동한다. 그러니 그가 신들의 사랑을 받는 것은 당연한 일이다. 이렇게 생각해 볼 때, 이 모든 속성을 누구보다도 많이 지니고 있는 사람은 철학자, 즉 지혜를 사랑하는 사람임이 분명하다. 그러므로 지혜를 사랑하는 사람이 가장 행복한 사람이다.

국가의 역할

지금까지 우리는 여러 가지 문제와 여러 가지 덕, 그리고 우애와 쾌락 등에 대해 살펴보았다. 그러면 이제 우리의 목적은 이루어진 것일까? 그렇지는 않다. 옛말에도 있듯이 실천과 관련해서 볼 때 궁극적인 목적은 여러 내용을 두루 살피고 잘 아는 것이 아니라, 그것을 실천하는 것이다. 그러므로 덕에 관해서도 아는 것만으로는 충분하지 않다. 덕을 실천하거나, 또는 선하게 되는 다른 방법이 있는가를 살펴서 그것을 직접 해 봐야 한다.

말로만 사람들을 선하게 만들 수는 없다. 물론 덕에 관한 이야기가 청소년들 가운데 덕스러운 사람들을 격려하고 자극하며, 또 성품이 훌륭한 사람이나 고귀한 것을 참으로 사랑하는 사람으로 하여금 어렵지 않게 덕을 소유하도록 하기는 한다.

그러나 그 밖에 다른 많은 청소년들을 격려하여 고귀하고 선하게 하기는 어렵다. 이들은 양심에 지배받기보다는 공포심에 지배를 받고, 나쁜 행위도 그 행위가 나빠서라기보다는 벌을 받을까 두려워서

하지 않는다. 그들은 욕구에 따라 살기 때문에 자신의 쾌락과 그 쾌락의 수단을 추구하며, 이에 반대되는 고통은 피한다. 또 고귀하고 참으로 즐거운 것이 어떤 것인지에 대한 생각조차 가지고 있지 않다. 왜냐하면 그들은 이런 것을 한 번도 맛보지 못했기 때문이다.

말만 가지고는 이런 사람들의 성품을 바르게 할 수 없다. 성격 속에 오랫동안 도사리고 있던 습성을 말로 없애는 것이 불가능하지는 않지만, 이는 매우 어려운 일이다. 다만 사람을 선하게 해 준다고 생각되는 모든 조건이 갖추어졌을 때 어느 정도 덕을 지니게 된다면, 우리는 그것으로 만족해야 할 것이다.

그런데 사람은 본성에 의해서 선해진다고 말하는 사람도 있고, 습관으로 말미암아 선해진다고 말하는 사람도 있으며, 교육에 의해서 선해진다고 말하는 사람도 있다. 본성에 의해서라고 하면 우리로서는 어떻게 할 수 없고, 다만 신의 섭리에 맡겨 운이 좋은 사람들만이 선해질 수 있을 것이다. 한편 말이나 교육도 누구에게나 영향력이 있는 것이라고 할 수는 없다. 다만 배우는 사람이 먼저 고귀한 기쁨에 대한 습관을 길러야 한다. 욕구가 이끄는 대로 사는 사람은 자신에게 무엇을 하지 말라고 해도 귀를 기울이지 않고, 귀를 기울인다 해도 그것을 이해하지 못한다. 어떻게 이런 상태에 있는 사람들을 설득하여 그 버릇을 고칠 수 있을까?

욕구는 대개 말보다는 강제에 굴복한다. 따라서 올바른 법률 밑에서 양육되지 않으면, 어릴 때부터 덕이 있는 사람이 되기 위한 올바른 훈련을 받기도 어렵다. 왜냐하면 절제 있게, 또 애써 일하면서 산다는 것은 대부분의 사람들에게 즐거운 것이 아니고, 또 젊을 때에는 더욱 즐거운 것이 아니기 때문이다. 따라서 그들의 양육과 여러 가지 일은 법률에 의해 규정되어야 한다. 습관이 되면 고통스럽지 않기 때문이다.

그러나 청소년 시절에 바른 양육과 가르침을 받는 것만으로는 충분하지 않다. 어른이 되어서도 각기 덕이 있는 행위를 하며, 그것에 습관이 들어야만 하기 때문에 이를 위한 법률이 필요하다. 그리고 일반적으로 말해 생활 전체에 관한 법률이 있어야만 한다. 왜냐하면 대부분의 사람들은 말보다는 피할 수 없는 일을 따르고, 또 고귀하고 아름다운 행동을 하기보다는 처벌을 두려워하기 때문이다.

그래서 플라톤(Platon, 고대 그리스의 철학자)은 입법자는 마땅히 사람들을 설득하여 덕을 따르게 해야 하며, 또 고귀한 일을 하도록 이끌지 않으면 안 된다고 이야기했다. 여러 가지 습관이 형성되어 이미 훌륭하게 된 사람은 이러한 여러 가지 법과 규율을 잘 따라갈 것이라고 생각했기 때문이다.

그리고 순종하지 않으며 열등한 자질을 지닌 사람에게는 벌과 징계를 주고, 아무리 해도 고칠 수 없을 정도로 나쁜 사람은 깨끗이 추방해야 한다고 말했다. 그는 선한 사람은 고귀한 것을 원하기 때문에 가르침에 귀를 기울이고 그것을 따르지만, 악한 사람은 쾌락을 원하기 때문에 짐을 실은 짐승처럼 고통을 주어야만 버릇을 고칠 수 있다고 생각했다.

그러므로 우리가 선한 사람이 되기 위해 좋은 환경에서 좋은 교육을 받고 좋은 습관을 기르며, 여러 가지 가치 있는 일을 하면서 의식적으로든 무의식적으로든 나쁜 행위를 하지 않고 살려면, 이성과 올바른 명령에 따르는 생활을 해야 한다. 그리고 이 명령에는 힘이 있어야만 한다.

그런데 아버지의 명령에는 이러한 힘이나 구속력이 약하다. 법률은 구속력이 있으며, 또한 실천적 지혜와 이성에서 우러나오는 규칙이다. 그리고 사람들은 자기의 충동에 반대하는 사람을 미워하는데, 이 미움은 당연한 측면도 있다. 하지만 법률이 자기 충동에 반대되는 좋은 일을 명령한다고 해서 귀찮게 여기는 일은 없다.

입법자가 양육이나 사람들이 종사하는 여러 가지 일에 주의를 기울이는 경우는 거의 없다. 대부분의 나라에서 이런 문제가 소홀히 다루어졌고, 사람마다 자기 좋은 대로 살고 있다. 즉, 퀴클로프스(호메로스의 《오디세이아》에 나오는 눈이 하나인 거인. 퀴클로프스들 간에는 공공의 일을 의논하는 회의도 없고 공공의 법률도 없었으며, 각자가 자기 아내와 아이들에게 제멋대로 절대의 권위를 지니고 있었다고 함)처럼 "자기의 아내와 아이들에게 법을 휘두르면서" 말이다. 하지만 이런 문제에 있어서는 공공의 적절한 배려가 있는 것이 제일 좋다. 물론 공동생활에서 이런 일이 제대로 이루어지지 않는 경우에는 각자가 자기 자녀들이 덕으로 나아가도록 이끄는 것이 옳다.

지금까지 말한 대로 이 일을 가장 잘할 수 있는 사람은 바로 입법자의 능력을 지닌 사람일 것이다. 왜냐하면 공공의 통치는 분명히 법률에 의해 행해지고, 좋은 통치는 좋은 법률에 의해 이루어지기 때문이다. 이때 이 법률은 성문법이어도 좋고 불문법이어도 좋다. 또 개인의 교육을 위해 마련된 법이어도 좋고, 단체를 위해 마련된 법이어도 좋다.

또한 국가에서 법률과 도덕이 힘을 갖는 것처럼 가정에서는 부모의 훈계와 습관이 힘을 갖는다. 특히 가정에서는 혈연의 유대감과 부모가 베푸는 여러 가지 은혜로 인해 더욱 큰 힘을 갖는다. 그래서 아이들은 나면서부터 애정과 순종하는 태도를 지니기 마련이다. 그리고 개별적인 교육은 공교육보다 더 좋다. 의료의 경우에도 개별적인 치료가 더 좋은 것처럼 말이다. 어떤 음식이 어떤 사람에게는 좋지만 다른 사람에게는 그렇지 못한 경우도 있다. 권투를 가르치는 체육 교사도 모든 제자를 똑같은 방식으로 가르치지는 않는다. 그러므로 개별적으로 상대하면 더욱 자상하게 잘 지도할 수 있다.

그런데 의사이건 체육 교사이건 자세한 점까지 하나하나 잘 살필 수 있는 사람은 모두에게, 혹은 일정한 종류의 사람들에게 좋은 것이 무엇인지를 전체적으로 잘 아는 사람이다. 그리고 전체적으로는 잘 모르는 비학문적인 사람이라도 개개의 경우에 일어나는 것에 대한 경험에 비추어 정밀하게 연구한 사람이라면, 어떤 특수한 일에 대해서는 자세히 알 수 있다. 이것은 마치 어떤 사람이 남의 병을 고치지는 못하지만, 자기 자신에게는 좋은 의사가 되는 것과 비슷하다. 그렇지만 만일 어떤 사람이 어떤 기술이나 학문의 대가가 되고 싶다면 보편적인 것을 알아야 한다.

그리고 법률을 통해 좋은 사람을 만들 수 있다면, 스스로 신경을 써서 사람들을 보다 좋은 사람으로 이끌기 위해 마땅히 입법 능력을 얻으려고 노력해야 한다. 자신에게 맡겨진 사람을 올바른 상태로 바꾸는 것은 아무나 할 수 있는 일이 아니다. 이런 일을 할 수 있는 사람은 바로 지식을 가진 사람이다. 이것은 의료나 그 밖에 사람을 돌보는 일을 포함한 모든 문제에서도 마찬가지다.

그러므로 다음으로 생각해 볼 것은 어디서 어떻게 입법 능력을 얻을 수 있는가 하는 것이다. 정치가들에게서 이 능력을 얻을 수 있을까? 확실히 그것은 정치의 일부분이다. 그러나 정치와 다른 학문 사이에는 명백한 차이가 있지 않을까? 그리고 정치 이외의 것에서는 한 사람이 그 기술을 가르치기도 하고 그것을 실제로 행하기도 한다. 예를 들면 의사나 화가의 경우가 그렇다.

소피스트들이 정치를 가르친다고 하지만 그들 가운데 정치를 직접

하는 사람은 아무도 없으며, 정치가는 이론에 의해 정치를 하기보다는 능력과 경험에 따라 정치를 해야 한다고 생각한다. 정치학을 잘 안다고 해서 그들이 정치가가 될 수 있는 것은 아니다. 정치의 기술에 관해서 알고자 하는 사람들도 경험을 쌓지 않으면 안 된다. 법률은 정치의 작품과도 같은 것이다. 그렇다면 어떻게 입법자가 되는 것을 배우고, 어느 법률이 가장 좋은 것인지를 판단할 수 있는 능력을 익힐까?

우리의 선배들은 입법에 대한 문제를 탐구하지 않고 우리에게 넘겨 주었다. 그러므로 우리는 이와 같은 문제와 국가의 통치 형태에 관해 좀 더 연구함으로써, 우리의 힘이 미치는 데까지 인간성에 관한 우리의 철학을 완성하는 것이 좋을 것이다.

국가의 통치 형태에는 세 가지가 있다. 그리고 이것의 타락한 형태에도 세 가지가 있다. 세 가지 통치 형태는 군주제, 귀족제, 그리고 재산 능력에 기초를 둔 유산자제(재산이 있는 사람들이 지배하는 국가 형태로, 대부분의 사람들이 공화제라고 부름)이다. 이 가운데 가장 좋은 것은 군주제이고, 가장 나쁜 것은 유산자제이다. 군주제가 타락하면 참주제가 된다. 이 두 가지는 모두 1인 지배의 정치 체제이지만 커다란 차이가 있다. 즉, 참주는 자기 자신의 이익을 추구하고, 군주는 백성의 이익을 추구한다. 군주는 자기 자신의 이익을 돌보지 않고 백성들의 이익을 돌본다. 따라서 참주제는 타락한 정치 형태 중에서 최악의 형태다.

귀족제는 그 통치자들의 악덕으로 인해 과두제로 타락한다. 과두제에서는 국가에 속하는 것을 제멋대로 분배한다. 즉, 좋은 것을 전부 혹은 대부분 자기가 갖고, 관직을 언제나 같은 사람들에게 주며, 무엇보다도 재물에 연연한다.

유산자제는 민주제로 타락한다. 사실 이 둘은 거의 비슷하다. 유산자제는 다수의 지배를 이상으로 하며, 재산이 있는 사람은 모두 평등한 것으로 여긴다. 한편 민주제는 다른 타락한 정치 형태들보다는 덜 나쁘다. 시민들 스스로의 선거에 의해 지도자를 뽑기 때문이다.

여기서는 국가의 통치 형태에 대해서만 간략히 이야기했고, 정치에 관한 좀 더 자세한 내용은 다른 책(아리스토텔레스의 《정치학》을 말함)에서 살펴보겠다.

니코마코스 윤리학, 행복한 삶에 대한 탐구

아리스토텔레스(Aristoteles)는 플라톤과 함께 가장 중요한 고대 철학자로 꼽힌다. 그의 학문적 성과는 서구 사상에 매우 큰 영향을 주었는데, 그는 논리학, 물리학, 생물학, 시학, 정치학, 윤리학, 형이상학 등 많은 부분에 걸쳐 다양한 책을 썼다. 그의 책들은 서양 학문의 매우 중요한 토대가 되고 있다. 그래서 아리스토텔레스를 서양 사상의 출발점이자 뿌리라고 평가하는 사람도 있다. 여기서는 아리스토텔레스의 생애, 그의 전체 사상, 《니코마코스 윤리학Ethica Nicomachea》의 주요 내용 및 오늘날 청소년에게 주는 의미 등을 살펴보기로 한다.

1. 서양 학문의 선구자, 아리스토텔레스

아리스토텔레스는 기원전 384년에 그리스 북부 마케도니아(Macedonia)의 작은 도시 스타게이로스(Stageiros)에서 태어났다. 그래서 아리스토텔레스를 '스타게이로스 사람'이라고 부르기도 한다. 스타게이로스는 작은 지방 도시로, 아리스토텔레스가 이곳 출신이라는 것을 빼고는 주목할 점이 전혀 없는 곳이다. 그러나 여기서 눈여겨봐야 하는 점은 아리스토텔레스가 아테네(Athenae) 출신이 아니라 마케도니아의 작은 도시 출신이라는 점이다. 뒤에 아리스토텔레스가 아테네에서 자리를 잡고 명성을 얻었음에도 아테네 사람들로부터 배척을 받고, 알렉산드로스(Alexandros) 대왕이 죽은 다음에는 박해를 피해 아테네를 탈출하게 된 까닭도 여기에 있다. 어쨌든 그는 공부를 하기 위해, 그리고 출세를 위해 10대 중반에 당시 학문과 문화의 중심지였던 아테네로 유학을 떠난다. 그리고 그곳에서 위대한 스승 플라톤을 만난다.

아리스토텔레스의 집안은 귀족 계급이 아니었다. 그렇다고 하찮은 집안도 아니었다. 그의 아버지는 당시 마케도니아의 임금인 아뮌타스(Amyntas) 2세의 주치의였다. 그래서 아리스토텔레스는 아버지의 뒤를 이어 의사가 될 생각으로 의사 수업을 받기도 했다. 이 과정에서 그는 일찍부터 생물학과 과학 이론을 접할 수 있었다. 이것은 그가 과학에 큰 관심을 가지게 된 계기가 되었다.

아리스토텔레스는 의사 수업을 받긴 했지만, 의사가 되기보다는 아테네로 가서 공부하기를 더 원했다. 그의 부모는 이러한 아들의 소원을 들어 주었다. 그의 아버지가 얼마나 많은 재산을 갖고 있었는지는 모르지만, 아들의 공부를 적극적으로 후원할 정도의 여유는 있었던 것으로 보인다. 그런 성장 배경 탓인지 아리스토텔레스는 안락한 생활, 풍족한 조건, 윤택한 가구 등 생활에서의 경제적 여유를 중요시했다. 이는 그가 철학자가 되어서도 마찬가지였다. 그는 행복한 삶을 위해서는 풍족한 재산도 필요하다고 말했다.

아테네로 유학 온 아리스토텔레스는 철학에 몸 바치기로 결심했다. 당시 철학은 어렵고 특별하며, 무언가에 몰두하여 깊이 사색하는 것만을 의미하지는 않았다. 오히려 매우 범위가 넓어서 모든 지식과 학문이 결국 철학에 속하는 것으로 생각되었다. 그래서 정치가, 장군, 교육자가 되려는 사람은 언젠가 한번은 철학을 깊이 있게 공부해야 한다고 생각했다.

그 당시 아테네에는 플라톤이 있었다. 그는 자신이 세운 학교 '아카데미아(Academeia)'에서 학생들과 더불어 철학을 공부하고 토론을 하였다. 아리스토텔레스는 17세에 이 학교에 입학했고, 플라톤이 죽을 때까지 20여 년 동안 이곳에서 공부했다.

플라톤과 같은 훌륭한 스승을 만나는 것은 학생에게는 더없는 행복이다. 또한 아리스토텔레스와 같은 뛰어난 제자를 만나는 것도 스승의 행복이다. 맹자도 군자의 세 가지 기쁨 중 하나로 "천하의 영재를 얻어 가르치는 즐거움"을 이야기하지 않았던가! 이런 점에서 플라톤과 아리스토텔레스, 이 스승과 제자는 모두 축복받은 사람들이며, 각각 상대방에게 충분히 보답하고 보답 받은 위대한 인물들이라 할 수 있다. 또한 플라톤의 스승이 소크라테스인 것을 보면, 인류의 역사에서 그렇게 짧은 기간에 천재적인 철학자들이 스승과 제자의 관계로 연이어 나타난 일은 다시 찾아보기 힘들다.

아카데미아에 들어간 이후 아리스토텔레스는 '아카데미아의 천재'라는 칭찬을 들을 정도로 뛰어난 능력을 발휘했다. 그는 매우 부지런했으며, 특히 밤낮으로 책을 읽어 플라톤으로부터 '책벌레'라는 별명을 얻기도 했다. 그는 아카데미아에서 공부하는 동안 많은 대화편을 썼는데, 그의 동료들은 대화편의 우아한 문체를 '황금의 강'이라고 칭찬했다고 한다. 또한 그는 플라톤을 '신과 같은 존재'라고 말할 정도로 매우 존경하였다.

그러나 아리스토텔레스는 학문적 성취를 이루어 가면서 자신의 고유한 철학 사상을 갖게 되어, 플라톤의 가르침에 모두 동의할 수 없게 되었다. 그래서 《니코마코스 윤리학》에서 "두 가지(진리와 플라톤)가 다 나의 친구이기는 하지만, 진리를 더 높이 존중하는 것이 나의 숭고한 의무다."라고 말한다. 이에 대해 플라톤은 "마치 어린 망아지가 제 어미에게 하듯 아리스토텔레스가 나에게 반기를 들고 있다."라고 섭섭한 감정을 드러냈다.

이런 아리스토텔레스와 플라톤의 사상적인 갈등은 플라톤이 죽은 뒤 더욱 커졌다. 플라톤이 죽은 뒤 수제자인 아리스토텔레스가 아니

170

라 플라톤의 조카가 아카데미아의 학장이 되었기 때문이다.

아리스토텔레스는 이에 기분이 상했고, 기원전 348년경에 헤르메이아스(Hermias) 왕의 초청으로 아테네를 떠나 트로이 근처 아소스(Assos)로 갔다. 아리스토텔레스는 이곳에서 학생들을 가르치고 책을 쓰면서 3년 동안 살았다. 그리고 이곳에서 헤르메이아스의 조카이자 양녀인 피티아스(Phythias)와 결혼하여 딸을 낳았다. 그러나 그 뒤 아리스토텔레스가 다시 아테네에 가 있는 동안 피티아스는 세상을 떠났고, 얼마 뒤에 그는 헤르필리스(Herphyllis)와 함께 살았다. 합법적인 결혼은 아니었지만, 그들은 진정으로 서로를 사랑했다. 그래서 그들의 가정은 행복했고 오래도록 지속되었다. 아리스토텔레스와 그녀와의 사이에서 태어난 아이가 바로 니코마코스다.

아소스에서 3년을 보낸 뒤, 그는 가까이에 있는 레스보스(Lesbos) 섬으로 건너가 오랫동안 살았다. 그곳에서 그는 학생들을 가르치면서 생물학, 특히 해양 생물의 다양한 생태에 관해 연구하였다.

그리고 기원전 343년경 아리스토텔레스는 마케도니아로 초빙되어 필리포스(Philippos) 왕의 아들을 지도하게 되는데, 이 왕자가 훗날 왕위에 올라 알렉산드로스 대왕이 되었다. 알렉산드로스의 당시 나이는 13세였다. 그러나 아리스토텔레스의 가르침이 미래의 정치가요, 장군이 될 알렉산드로스의 성장에 어떠한 영향을 주었는지에 대해서는 잘 알려져 있지 않다.

필리포스 왕이 죽은 뒤 알렉산드로스가 왕위를 계승하자, 아리스토텔레스는 스승으로서의 임무를 끝내고 마케도니아의 지배하에 있던 아테네로 돌아왔다. 그렇지만 그는 알렉산드로스가 죽을 때까지 친분 관계를 유지했으며, 알렉산드로스가 학문에 많은 관심을 기울이도록 도왔다.

기원전 335년경 아테네로 돌아온 즉시 그는 마케도니아의 재상이자 권력자였던 안티파트로스(Antipatros)의 지원을 받아 소크라테스가 사색하며 산책했다고 전해지는 아폴론 신전 부근의 숲에 자신의 학원 리케이온(Lykeion)을 세웠다. 여기서 아리스토텔레스와 그의 제자들은 숲속의 산책로를 거닐면서 철학에 대해 토론하였다. 아테네 사람들은 그런 광경을 이상하게 여기고는 아리스토텔레스와 그의 제자들에게 '소요자들', 즉 '산책하는 사람들'이라는 별명을 붙였다. 또한 이 시기에 그는 수백 권의 원고, 지도, 동식물 표본들이 소장되어 있는 거대한 도서관을 최초로 세웠다고 전해진다.

아리스토텔레스는 리케이온의 규율에 따라 자신도 공동 식사를 하고 한 달에 한 번씩 향연을 베풀었다고 한다. 그 향연에서 그는 한 명의 제자가 나머지 제자들의 비판에 대해 자신의 철학적 입장을 변호하는 방식을 제자들에게 익히도록 했는데, 오늘날로 말하면 패널 토론이라 할 수 있다. 약 12년 가까이 그는 리케이온의 원장으로 있으면서 교육과 강의뿐만 아니라 자신의 주요 사상을 발전시켰다.

그런데 이러한 평온한 삶은 오래 지속되지 않았다. 기원전 323년 알렉산드로스가 갑자기 세상을 떠나자, 아테네의 정치적 상황이 갑작스럽게 변하였다. 마케도니아의 영향력에서 벗어난 아테네에는 반(反)마케도니아 분위기가 급속하게 퍼졌다. 이러한 분위기는 아리스토텔레스의 입장을 매우 곤란하게 만들었다. 왜냐하면 그는 마케도니아 출신인데다가 마케도니아 정부와 밀접한 관계를 맺고 있었고, 마케도니아로부터 재정 지원도 받고 있었기 때문이다.

결국 아리스토텔레스는 아테네 법정에 신성모독죄로 고소되었다. 그 당시 신성모독죄란 어떤 사람을 사회에서 매장하기 위한 하나의 방법이었는데, 소크라테스의 경우처럼 사형을 받을 가능성이 높았다. 그는 소크라테스를 떠올리며 "아테네 시민들이 다시 한번 철학에 대하여 죄를 저지르는 것을 막기 위해 떠난다."라는 말을 남기고 아테네를 떠나 칼키스(Chalcis)로 피신했다. 이런 행동으로 말미암아 뒷날 비겁하게 도망쳤다는 비난을 받기도 하지만, 이는 아리스토텔레스의 현실적인 면모를 잘 보여 주는 사례이기도 하다.

하지만 1년 뒤인 기원전 322년, 결국 그는 그곳에서 죽는다. 일을 너무 많이 해서 생긴 만성 소화불량이 원인이었다고 한다. 그만큼 그는 많은 활동과 공부를 했다고 할 수 있다. 그는 죽었지만 그가 세운 리케이온은 플라톤의 아카데미아와 더불어 이후 800년 이상 계속 유지되면서 사상과 학문의 전당으로 명맥을 이었다.

아리스토텔레스는 생애의 대부분을 학생으로서, 또 교사로서 아테네에서 보냈다. 그러나 아테네에서 그는 외국인이었기 때문에 정치적 권리가 없었고, 한때는 마케도니아 왕실과의 관계 때문에 신을 모독한 자, 즉 반역자라는 혐의를 받기도 했다. 그렇지만 정치적인 현실에 비추어 보더라도, 그는 실제 정치가가 아니라 정치학을 포함한 학문을 연구한 학자였을 뿐이다. 어쨌든 아테네에서 인생의 대부분을 보내고, 아테네의 학문을 발전시킨 업적을 이루었는데도 아테네는 그를 지나치게 냉대했다.

아리스토텔레스의 인품과 성격에 관해서는 자세히 알려져 있지 않다. 그는 대머리이며, 다리가 가늘고, 눈이 작고, 혀가 마비되는 병에 걸려 말을 더듬었다고 한다. 그의 조상(彫像)이나 흉상(胸像)을 보면 몸이 가늘고 감수성이 예민해 보이며, 심지어 날씬해 보이기까지 한다. 학생 시절에는 옷 입는 데 맵시를 냈고, 또 반짝이는 보석으로 장식하고 다녔다고 한다.

그는 다른 사람의 주장에 대해 임기응변을 잘해서 재치가 있는 사람으로도 평판이 높았다고 한다. 하지만 그가 통치자와 군주들, 그리고 권세 있는 친구들의 보호 아래 생애를 보낸 것을 볼 때, 겁이 많고 우유부단하며 현실도피적인 사람이었던 것 같다. 그리고 그의 유서에는 자신의 친지들에 대한 자상한 배려와 함께 노예들의 처우 문제까지도 자세히 언급되어 있는데, 노예들을 팔지 말라, 몇몇의 노예들은 자유인으로 해방시키라는 내용도 포함되어 있었다고 한다. 이것은 그의 조심성 있고 사려 깊은 성품을 잘 보여 준다.

오늘날도 으레 그러하듯이 제자들이 전하는 아리스토텔레스와 관련된 재미있는 이야기가 있다. 그들은 심술궂게 스승의 잠자는 모습을 지켜보았는데, 아리스토텔레스는 항상 뜨거운 기름을 넣은 가죽 부대를 배에 올려놓고 자는 이상한 잠버릇이 있었다고 한다. 이런 잠버릇은 그가 위장병으로 죽었다는 사실로 미루어 보아, 위장을 보호하기 위해서였던 것으로 보인다. 제자들이 더욱더 이상하게 여긴 것은 스승이 청동으로 된 구슬을 손에 쥐고 잠을 잤다는 것이다. 이 것은 아리스토텔레스가 잠을 줄이기 위해 사용한 방법으로, 깊은 잠이 들어 구슬이 손에서 떨어지면 그 소리를 듣고 잠에서 깼다고 한다. 그만큼 그는 시간을 아끼고 노력하는 사람이었다.

지금까지 살펴본 것처럼, 아리스토텔레스는 잦은 이동과 그에 따른 다양한 활동, 학원 운영 책임으로 인한 부담, 알렉산드로스 대왕의 죽음 뒤에 겪은 아테네 사람들의 적대감과 신변 위험 등 여러 가지 좋지 않은 상황에서도 수많은 글을 쓰면서 다양한 학문과 철학적 문제를 연구하였다. 그는 자신이 처한 환경에 좌절하지 않고 끊임없이 자신의 학문 영역을 넓히고 깊이를 더했다. 한마디로 그는 학자로서 그 누구보다도 부지런하게 노력하여, 하나의 학문에 그치지 않고 다양한 학문의 세계를 연 위대한 선각자였다.

2. 아리스토텔레스가 찾아낸 진리는 무엇인가?

아리스토텔레스는 플라톤의 제자이며, 플라톤은 소크라테스의 제자이다. 그러므로 소크라테스, 플라톤, 아리스토텔레스로 이어지는 스승과 제자 관계는 서양 사상의 기본 틀을 형성하는 데 매우 큰 영향을 미쳤다. 이들은 각자 자신만의 고유한 사상을 펼쳤으며, 이 사상은 제자에 의해 수용 또는 비판되면서 계승 발전하였다. 여기서는 주로 아리스토텔레스를 중심으로 다루기 때문에, 플라톤과의 관계를 일부 다루면서 아리스토텔레스의 독자적인 사상을 살펴보겠다.

아리스토텔레스가 쓴 책과 글들 중에서 많은 것들이 없어졌고, 현재 보관되어 있는 것들도 충분히 정리가 되지 않았다. 그의 책과 글들은 크게 '공개된 작품'과 '개인적인 저서', 또는 '강의용 저서'로 나누어진다.

공개된 작품은 일반인들을 위한 것으로 문학 작품 등이며, 대개는 청년기의 대화편들이다. 이 가운데 몇몇 단편만이 오늘날까지 전해지고 있다. 개인적인 저서는 아소스와 특히 리케이온에서의 강의를 위해 조금 급하게 쓰여진 것들이다. 이것들은 오랫동안 잊혀졌다가 기원전 60~50년경 로도스(Rhodes)의 안드로니코스(Andronikos)에 의해 출간되었다. 강의를 위해 쓴 저서는 비교적 잘 보존된 책들인데, 오늘날 우리가 읽는 그의 주요 책들이 대부분 여기에 속한다.

이러한 아리스토텔레스의 책과 글들은 연대순에 따라 세 시기로 구분할 수 있다. 플라톤의 가르침을 받던 아카데미아 시기, 플라톤의 가르침에서 벗어나 자신의 생각을 표현하기 시작한 과도기, 자신의 사상을 체계적으로 정리하고 가르치던 리케이온에서의 활동기다.

아카데미아 시기에 아리스토텔레스는 플라톤의 사상을 거의 그대로 받아들였다. 예를 들어 대화편《행복론Eudemus》에서는 영혼이 먼저 있었다는 것과 영혼의 불멸 등 플라톤이《파이돈Phaidon》에서 말한 여러 사상을 그대로 따른다. 또 이데아에 대한 직관(直觀)과, 인간이 육체를 가지면서 이데아의 세계에 대한 기억을 잃어버렸는데 이데아의 세계에서 본 것과 비슷한 사물을 보면 원래의 기억이 되살아날 수 있다는 상기설(想起說)을 따랐다.

그 다음의 대화편《프로트레프티코스Protrepticus》에서는 영원한 이데아를 찾아가는 순수한 철학적 삶을 살 것을 호소한다. 이것은 플라톤이《국가Politeia》에서 말한 "하늘에는 한 가지의 원형이 있다. 선한 사람들은 모두 이것을 보고 이 원형에 따라 본래의 자기 자신을 만든다."라는 주장과 비슷하다. 이 대화편은 당시에도 많이 읽혔고, 뒤에 아우구스티누스(Augustinus)에게까지 영향을 주었다.

과도기의 사상은 아소스, 레스보스 및 마케도니아 왕국에서 쓴 책과 글들에 반영되어 있다. 이 시기를 특징짓는 대화편은 《철학에 관하여De philosophia》다. 이 대화편 제2권에서 그는 플라톤의 이데아론을 비판하면서, 이데아와 실재라는 플라톤의 개념이 아닌 자신이 새로 만든 형상(집이라면 집의 형태와 목적)과 질료(집의 재료가 되는 나무와 돌과 같은 것)라는 개념을 내놓는다. 아리스토텔레스는 질료가 변화하여 형상을 갖추게 됨으로써 하나의 사물이 된다고 보았다.

여기서 형상이란 그 사물의 목적, 플라톤이 말하는 이데아와 비슷한 개념이다. 그런데 이런 형상 가운데서도 질료가 없는 순수한 형태의 형상, 즉 형상의 형상이라는 게 있어서 자신은 움직이지 않으면서도 다른 것을 움직이게 만든다고 주장한다. 이것은 플라톤이 말한 이데아 중의 이데아, 즉 선의 이데아와 비슷한 개념이다. 어쨌든 그는 플라톤이 생각한 이데아와 실재라는 관념적인 개념을 형상과 질료라는 현실적인 개념으로 바꾸었지만, 여전히 플라톤의 후기 철학에서 벗어나지는 못했다. 그러나 이 시기에 자신만의 고유한 사상들이 싹트기 시작한 것은 분명하다.

리케이온 시기로 오면 아리스토텔레스는 플라톤과는 상당히 다른 사유의 모습을 보인다. 이러한 차이는 라파엘로가 그린 〈아테네 학당〉에도 잘 나타나 있다. 백발의 노인인 플라톤은 오른손을 들어 하늘을 가리키고 있는데, 그 옆의 아리스토텔레스는 플라톤과 달리 오른손으로 땅을 가리키고 있다. 이상주의자인 플라톤과 현실주의자인 아리스토텔레스를 상징적으로 대조시킨 장면이다.

아리스토텔레스는 플라톤의 가르침 가운데 관념론과 이상주의를 가장 반대했다. 그는 현실주의자로서 플라톤의 이상주의에 동의하지 않았다. 플라톤은 눈에 보이는 세계는 그림자의 세계이며, 참된 세계는 눈에 보이지 않는 정신의 세계, 즉 이데아의 세계라고 생각했다. 따라서 인간은 육체의 옷을 입고 있는 동안에는 눈에 보이는 세계에 살 수밖에 없지만, 죽음과 함께 육체의 옷을 벗어 버리면 영원한 정신의 세계로 돌아가게 된다고 보았다.

그러나 아리스토텔레스는 이데아의 세계가 따로 있고 눈에 보이는 세계가 따로 있다고 생각하지 않았다. 존재하는 것은 우리가 살고 있는 오직 하나의 자연적인 세계밖에 없으며, 이데아든 감각적 사물이든 존재하는 모든 것은 하나의 세계 속에 같이 있다고 생각했다. 그는 인간이 죽으면 그 인간의 삶도 같이 끝난다고 보았다. 따라서 참으로 좋은 것, 그리고 참으로 선한 것은 바로 지금 우리가 사는 세계에서 실현되어야 한다고 보았다. 이것이 바로 플라톤의 이상주의와 대비되는 아리스토텔레스의 현실주의다.

리케이온 시기에 아리스토텔레스는 보다 체계적인 책과 글들을 썼다. 이 시기의 글들은 분량이 워낙 많고 그 주제도 다양하여, 어떻게 분류해야 하는가에 대해서도 아직까지 논란이 계속되고 있다. 그러나 일반적으로 다음과 같이 분류한다.

| 논리학과 관련된 글 |

《범주론Categoriae》, 《해석론De interpretatione》, 《분석론Analytica》, 《토피카Topica》, 《궤변론De sophisticis elenchis》. 이 글들은 후에 《오르가논Organon》이라는 제목으로 한데 묶이는데, 그 이유는 논리학이 학문을 올바르게 다루기 위한 도구, 즉 '오르가논'이라고 생각했기 때문이다.

| 형이상학과 관련된 글 |

《자연학Physica》, 《형이상학Metaphysica》.

| 자연과학과 관련된 글 |

《천계론De caelo》, 《생성과 소멸De generatione et corruptione》, 《기상학Meteorologica》, 《동물사Historia animalium》, 《동물의 신체 부분De partibus animalium》, 《동물 발생론De generatione animalium》, 《동물의 운동De motu animalium》, 《영혼에 관하여De anima》.

| 윤리 및 정치와 관련된 글 |

《니코마코스 윤리학Ethica Nicomachea》, 《정치학Politica》, 《에우데미아 윤리학Ethica Eudemia》.

《수사학Rhetorica》,《시학Poetica》.

아리스토텔레스는 소크라테스, 플라톤으로 이어지는 그리스 철학의 본 줄기를 이어 나간 상속자이면서 동시에 이들의 철학을 비판적으로 수용하여 서양 철학의 기초를 확고하게 수립한 철학자다. 소크라테스 이전의 철학자들은 주로 삶을 위한 잠언들을 남겼고, 소크라테스는 대화를 통해 진리 탐구의 길을 가르쳤지만 어떤 책도 남기지 않았다. 플라톤은 그의 스승 소크라테스가 남긴 대화들을 기록했으나, 그것들은 대화편이지 서술적인 저작들은 아니었다.

이에 비해 아리스토텔레스는 자기보다 앞서 산 철학자들이 시와 음유로 표현한 사상을 분명한 철학적 개념으로 밝혀 놓았을 뿐만 아니라, 후기에는 대화편으로 구성하지 않고 온전한 서술 체계를 갖춘다. 이런 점에서 그는 처음으로 학문의 방법론을 명확히 하였을 뿐만 아니라 주제별로 철학의 문제를 서술한 최초의 서양 철학자라고 할 수 있다.

그의 사상은 오랜 세기 동안 철학과 학문을 연구하는 좌표가 되었으며, 그의 사상이 바로 철학을 의미할 정도로 하나의 굳건한 전통이 되었다. 그래서 그의 광범위한 철학 체계는 오늘날까지도 매우 중요하게 여겨지며, 대부분의 학문에 반영되고 있다.

플라톤이 기하학에 깊은 관심을 가지고 그의 사상을 발전시켰다면, 아리스토텔레스는 생물학에 깊은 관심을 가지고 그의 사상을 발전시켰다. 생물학은 그의 세계관에 큰 영향을 주었는데, 플라톤과 달리 그가 현실주의를 추구하게 된 것도 이런 영향 때문이라 할 수 있다. 또한 앞에 제시된 그의 저서 목록에서 알 수 있듯이, 아리스토텔레스는 매우 많은 분야에 관심을 가졌고, 각 분야에서 누구보다 뛰어난 업적을 이루었다. 그는 철학의 기본 학문인 형이상학, 논리학뿐만 아니라 생물학, 천문학, 시학, 수사학, 정치학, 윤리학 등 많은 분야들을 연구하였다.

그러나 그의 주된 관심사는 무엇보다도 철학이었고, 그것은 인간에 대한 탐구였다. 즉, 인간은 어떻게 생각하고 행동하는지, 또 인간은 어떤 존재인지를 탐구한 것이다. 그리고 사물의 본질에 관해 질문했으며, 마지막으로 모든 현실의 근원과 종말에 관해 탐구했다. 그러한 탐구의 결과로 아리스토텔레스는 매우 많은 책과 글을 남겼다.

고대 그리스의 한 증인은 아리스토텔레스의 저서가 400여 권이라고 했으며, 어떤 사람은 1,000여 권이라고도 했다. 또 다른 치밀한 학자는 아리스토텔레스가 쓴 책의 문장을 세어 본 결과, 그 문장이 44만 5,270행이라는 엄청난 분량임을 밝혀내기도 했다. 하지만 우리에게 현재 전해지는 그의 글들은 일부뿐이다. 그럼에도 그 분야나 양이 매우 많은 편이다. 그런 까닭에 아리스토텔레스는 서양 학문의 창시자로 존경받고 있다.

3. 《니코마코스 윤리학》 되돌아보기

아리스토텔레스는 윤리학과 관련해서 두 권의 책을 썼는데, 그 하나가 《니코마코스 윤리학》이다. 그가 죽고 난 뒤에도 고대 그리스의 많은 사람들이 이 책을 읽고 토론했으며, 로마 시대에도 이 책은 널리 읽혔다. 그래서 키케로(Cicero)는 아리스토텔레스가 직접 쓴 것이 아니라 아들 니코마코스가 편집했을 것이라고 이야기하기도 했다. 하지만 매우 직설적이며 때로는 지루하기도 한 문체로 보아 이 책은 강의를 위해 준비한 원고로 보이며, 어쩌면 아리스토텔레스가 자신의 아들 니코마코스에게 받아쓰도록 한 것이 아닌가 싶기도 하다.

《니코마코스 윤리학》 외에 《에우데미아 윤리학》이 있지만, 이 책은 앞 책과 내용이 많이 겹치고 체계적이지 않아서 별로 중요하게 여겨지지 않았다. 그럼 《니코마코스 윤리학》의 주요 내용을 간략히 살펴보자.

'무엇이 선인가?'라는 물음은 모든 윤리학이 던지는 근본 물음이다. 이 물음에 대한 답을 찾을 때 이상주의자는 보통 현실적인 실현

가능성을 크게 고려하지 않는다. 그래서 그들은 선을 무조건 추구해야 할 가치로 여긴다. 그러나 현실주의자인 아리스토텔레스는 이런 주장에 동의하지 않는다. 그는 실현 불가능한 선을 참된 선으로 인정하지 않는다. 또한 인간에게 도움이 되지 않는 것도 선이라고 인정하지 않는다. 선은 이 세상의 일이며, 따라서 그것은 삶의 완성이나 온전함과 관련되어야 한다. 그래서 아리스토텔레스는 현실적인 의미의 선, 즉 전체적으로 좋은 삶을 윤리학의 기준으로 삼는다.

《니코마코스 윤리학》은 "우리가 하는 모든 행동과 선택은 어떤 좋은 것을 목표로 한다."라는 구절로 시작된다. 그런데 우리가 추구하는 좋은 것, 즉 선은 한 가지가 아니다. 예를 들어 어떤 이는 돈을 추구하기도 하고, 어떤 이는 명예를 추구하기도 한다. 그리고 선 가운데는 다른 어떤 것을 위한 수단인 것도 있다.

예를 들어 학교 공부를 열심히 하는 것은 좋은 성적을 얻기 위한 것인데, 좋은 성적은 자신이 원하는 상급학교로 진학하기 위해 필요한 것이다. 그리고 상급학교로의 진학은 또 다른 선, 부유한 생활이라든가 명예로운 지위 등을 얻기 위한 수단이 된다. 이렇게 우리가 추구하는 선의 대부분은 그 순간에는 목적이지만 다음 순간에는 수단이 되는 경우가 많다.

그래서 아리스토텔레스는 매우 흥미로운 질문을 던진다. "그렇다면 우리가 추구하는 것의 마지막인 최고의 목적은 과연 존재하는가?

그리고 존재한다면 그것은 무엇인가?" 이 물음은 아리스토텔레스 이후 윤리학 전체에서 끊임없이 제기된 물음이다. 이 물음에 대해 아리스토텔레스는 일단 최고의 목적을 '최고선(最高善)'이라는 단어로 바꾼다. 그리고 나아가 대부분의 사람들이 최고선은 바로 행복이라는 것에는 일치된 의견을 보인다고 생각한다.

그렇다면 과연 행복이 최고선인가? 이를 밝히기 위해 그는 행복이 최고선의 기준에 맞는가를 검토한다. 첫 번째, 최고선은 우리 인간이 오직 그것을 위하여 추구하는 목적이어야 한다. 두 번째, 최고선은 무조건적으로 완전해야 한다. 즉, 최고선은 오직 그 자체로서만 가치를 지니며 다른 어떤 것에 대한 수단이어서는 안 된다. 세 번째, 최고선은 만족할 수 있는 것이어야 한다. 그 결과 아리스토텔레스는 행복이 이러한 최고선의 세 가지 조건에 모두 맞는다고 주장한다.

그런데 만일 행복이 최고선이라면, 도대체 이 행복이란 정확하게 무엇인가? 이 물음에 대해 아리스토텔레스는 '인간에게 고유한 일과 기능'을 탐구하면 그 답을 찾을 수 있다고 말한다. 즉, 인간의 참된 행복은 오직 인간에게만 있는 고유한 일이나 기능과 관련된 것이기 때문에, 이제 인간의 고유한 기능이 무엇인지 물어보아야 한다.

아리스토텔레스에 따르면, 인간만의 고유한 기능은 이성 활동이다. 물론 인간에게는 이성 활동 외에 다른 기능도 있다. 그러나 먹고 마시는 영양 섭취의 기능은 동물이나 식물에도 있으며, 감각과 운동 기능 또한 모든 동물에게 있다. 따라서 오직 이성 활동만이 인간의 고유한 기능이다. 그러므로 인간의 행복은 이러한 인간의 고유한 일과 기능인 이성 활동과 그 능력을 완전히 발휘하고 실현하는 것이다. 이렇게 볼 때 인간의 행복은 이성 활동에 기반한 관조하는 생활, 즉 정신 활동에서 얻어진다.

그리고 인간의 정신 활동을 담당하는 영혼의 이성적인 부분은 도덕적인 덕을 실현하기 위해 욕망을 통제한다. 그리고 욕망의 통제를 규칙적으로 반복하다 보면 덕에 습관이 붙게 된다. 그래서 아리스토텔레스는 덕을 '습관화된 중용'이라고 규정한다.

한편 덕은 도덕적인 덕과 지적인 덕으로 구분된다. 아리스토텔레스는 지적인 덕의 예로 지혜, 이해력, 지성을, 도덕적인 덕의 예로 절제, 관용, 인내, 용기, 관후, 정의 등을 든다. 그런데 지적인 덕은 도덕적인 덕보다 우월하다. 왜냐하면 도덕적인 덕은 동물의 수준이라 할 수 있는 감각적인 즐거움이나 인간의 수준인 사회적인 즐거움과 관련이 있지만, 지적인 덕은 과학적이며 철학적인 영역과 관련이 있기 때문이다.

그럼에도 아리스토텔레스는 도덕적인 덕에 관하여 매우 자세하게 논의한다. 우리는 완벽한 도덕적 본성과 도덕적 성향을 갖추고 이 세상에 태어나지 않는다. 따라서 덕은 교육을 통해서 얻어져야만 하며, 꾸준한 훈련과 실천을 통해서만 도달할 수 있다. 우리는 "정의로운 행위를 함으로써 정의로워지며, 절제 있는 행위를 함으로써 절제 있게 되며, 용감한 행위를 함으로써 용감해진다."

그렇기 때문에 아리스토텔레스는 우리에게 선한 사람, 즉 이미 도덕적인 덕을 충분히 익히고 그것에 따라 살아가는 사람을 본받으라고 권한다. 그는 "매우 젊은 시절부터 계속해서" 올바른 습관들을 발전시켜 나가는 것이 중요하다는 점을 지적한다. 덕에 관한 교육은 어려서부터 꾸준하게 이루어져야 한다는 것이다.

그렇다면 덕을 갖추기 위해 우리는 어떤 행위를 해야 하며 어떤 감정들을 가져야만 하는가? 이 물음에 답하기 위해 아리스토텔레스는 유명한 중용의 이론을 내놓는다. 그는 우리 육체의 상태가 "지나침과 모자람에 의해서 파괴되는 본성을 지니고 있다."라는 점을 지적하면서 중용의 이론을 전개한다.

예를 들어 육체의 강함이나 건강을 가지고 말하면, 강한 사람과 건강한 사람은 음식물을 필요로 하지만 너무 많거나 너무 적은 음식물을 필요로 하지는 않는다. 마찬가지로 너무 많은 훈련이나 너무 적은 훈련은 개인의 강함과 건강을 파괴한다. 따라서 '적절한 양'이 필요한데, 이 '적절한 양'이란 지나침과 모자람 사이에 있는 중용을 뜻한다.

덕이라고 불리는 영혼의 상태에 대해서도 이와 똑같이 말할 수 있다. 양 극단에 악덕이 있다면, 도덕적인 덕이란 악덕인 두 극단 사이의 중간인 것, 즉 중용을 의미한다. 다시 말해서 양 극단의 한쪽에는 너무 '모자란' 악덕이 있고, 다른 한쪽에는 너무 '지나친' 악덕이 있는데, 그 사이에 도덕적인 덕이 있다는 것이다.

그런데 중용은 절대적인, 그리고 산술적인 중간점(예를 들면 6이 2와 10의 산술적인 중간점이듯이)이 결코 아니다. 모든 사람에게 동일한 어떤 것이 아니라, 개인에 따라서 다양한 기준으로 나타나는 것이다. 예를 들면 유치원 아이에게 적절한 음식의 양이 운동선수에게 적절한 음식의 양과 같을 수는 없다.

중용을 발견하는 것은 원의 중심을 찾는 것처럼 어려운 일이다. 왜냐하면 중용은 '마땅한 때에, 마땅한 것에 대하여, 마땅한 사람들에게, 마땅한 목적을 위하여, 마땅한 방식으로' 행동하는 것이기 때문이다. 예를 들면 용기라는 덕의 양 극단에는 그것의 모자람에서 오는 비겁과 지나침에서 오는 무모함이라는 악덕이 있다. 만약 어떤 사람이 용기가 없다면 비겁한 행동을 할 것이요, 용기가 지나치면 무모한 행동을 할 것이다. 그러나 "싸우고 도망가는 사람은 다음 날 하루 더 싸울 수 있다."라는 말처럼, 무모하게 끝없이 싸우지도 않고 비겁하게 도망만 다니지도 않고, 적절한 방법으로 용기 있게 싸울 때 중용의 덕이 실현될 수 있다는 것이다.

중용은 각 개인에 따라 서로 다른 상대적인 것으로 이해해야 하며, 모든 사람에게 똑같이 절대적인 것으로 여겨져서는 안 된다. 자신의 본성에 따라 중용을 실천하는 개인은 각자에게 주어진 상황에 맞게 무엇이 중용인가를 판단해야 한다. 즉, 항상 이성의 판단에 따라 무엇을 행하고 어떻게 느낄 것인가를 결정해야 한다는 것이다. 따라서 아리스토텔레스는 다음과 같이 결론짓는다.

"덕은 행위를 결정하는 본성의 상태이며, 중용을 통해 구성되고 우리 각자의 상황에 따라 상대적으로 결정된다. 그리고 이성의 명령을 통해서 정의(定義)된다. 즉, 지적인 사람들이 그것을 정의할 때와 같이 이성과 관련해서 정의되는 것이다."

이렇게 덕을 지닌 사람은 이성을 통해서 자신의 감정과 행위를 이끌어 나가는 사람이며, 그렇게 함으로써 인간의 이성적 기능을 가장 잘 발휘하는 사람이다. 그리고 이러한 덕은 옳은 행동이 습관이 될 때까지 규칙적으로 반복함으로써 얻어지는 인격적인 특성인 것이다.

4. 《니코마코스 윤리학》의 구성과 내용

이 책에서는 《니코마코스 윤리학》을 청소년을 위해 모두 6부로 재구성하였다. 그러나 《니코마코스 윤리학》은 원래 10권으로 구성되어 있다. 본래의 구성과 내용을 간단히 소개하면 다음과 같다.

|제1권|

인간이 행위로써 성취할 수 있는 모든 선 가운데 최고의 것은 행복이다. 행복이란 완전한 덕이라는 의미에서 영혼의 어떤 활동이다. 따라서 우리는 덕을 알아야 한다. 덕의 형식 가운데 어떤 것은 '도덕적'이고 어떤 것은 '지적'이다.

행복이 인간의 최고선이라는 것에 대해서는 일반적으로 동의하지만, 행복이 무엇인지에 대해서는 여러 가지 의견이 있다. 이 여러 가지 의견에 대해 살핀 뒤, 선의 이데아에 관해 이야기한다. 그리고 인간에게만 있는 고유한 기능인 이성 활동을 설명하면서 행복의 정의에 이른다.

|제2권|

도덕적인 덕에 관해 이야기한다. 도덕적인 덕은 기술과 마찬가지로 거기에 대응하는 어떤 행위를 반복함으로써 익힐 수 있다. 이런 행위는 지나침과 모자람을 피하고 중용을 취하는 것이다. 지나침과 모자람은 서로 대립하며, 또한 중용에도 대립한다. 중용은 쉽게 도달할 수 없는 것이며 지각으로 이해할 수 있는 것이다.

| 제3권 |

도덕적인 덕에 대한 구체적인 내용을 이야기한다. 칭찬이나 비난은 자유 의지에 따른 행동, 즉 강제되지 않고 주위의 사정을 알고서 한 행동에 대해서만 할 수 있다.

도덕적인 덕이라고 하면 벌써 거기에는 스스로의 선택에 의해 행동했다는 뜻이 들어 있다. 선택은 열심히 생각하고 고민한 결과다. 용기는 공포와 관련되는 덕이다. 절제는 쾌락, 또는 고통과 관련되는 덕이다.

| 제4권 |

돈, 명예, 노여움, 사람 관계에서의 덕에 대해 이야기한다.

| 제5권 |

정의(正義)에 관해 이야기한다. 분배 정의, 시정 정의, 교환 정의, 정치적 정의 등이 그것이다.

| 제6권 |

지적인 덕에 관해 이야기한다. 실천적 지혜와 철학적 지혜가 그 내용이다.

| 제7권 |

쾌락, 자제와 자제하지 못함에 대해 이야기한다. 자제력이 없는 것의 두 가지 형태를 다루고, 쾌락은 무조건 나쁘다는 의견에 대해 살펴본다.

| 제8~9권 |

우애에 관해 이야기한다. 우애는 필요하고도 고귀한 것이다. 우애에 관한 주요 문제를 논의한다.

| 제10권 |

끝으로 다시 쾌락과 행복에 관해 이야기한다.

5. 오늘날 우리는 왜 《니코마코스 윤리학》을 읽는가?

오늘날 우리가 윤리학을 공부하는 이유는 무엇일까? 윤리적인 삶이 인간을 보다 행복한 삶으로 이끌기 때문일 것이다. 끝없는 욕망과 자유가 보장되면 행복해질 것이라고 생각할지 모르지만, 이는 현실에서는 실현하기 어려운 것이다. 나의 욕망과 자유는 다른 사람의 희생과 구속 없이는 실현될 수 없기 때문이다. 따라서 인간이 사회적인 존재인 한 인간은 윤리적이고 도덕적인 삶을 살아야 하며, 이런 삶이야말로 인간을 행복하게 만드는 길이라고 할 수 있다.

그런 점에서 《니코마코스 윤리학》은 오늘을 사는 우리에게도 여전히 의미 있는 책이다. 오늘날 우리 역시 보다 행복한 삶을 원하고 있다. 그런데 행복해지려면 행복에 이르는 올바른 길을 알아야 한다. 우리가 잘못 알고 있는 길은 가끔 우리를 불행으로 이끌기도 한다. 그렇다면 행복에 이르는 올바른 길은 무엇일까?

이에 대해 아리스토텔레스는 인간의 고유한 능력을 바르게 실현하는 것이라고 말한다. 다시 말해서 이성의 힘으로 감각과 욕구를 조절하고 통제할 때 행복에 이를 수 있다는 것이다. 그리고 그 조절과 통제의 구체적인 방법은 중용이다. 중용이란 지나침이나 모자람이 없는 상태를 말하며, 더 구체적으로는 '마땅한 때에, 마땅한 일에 대하여, 마땅한 사람들에 대하여, 마땅한 동기로, 그리고 마땅한 태도로' 행동하는 것이다. 그리고 이러한 행동은 한 번에 이루어지는 것이 아니라 끊임없는 연습과 실천을 통해 이루어지는 것이다. 이성적인 판단과 절제 있는 삶, 그리고 그것을 향한 노력과 실천이 사람을 행복하게 만든다는 것이다.

이러한 아리스토텔레스의 가르침은 우리 청소년들에게도 많은 교훈을 준다. 질풍노도의 청소년기에는 자신의 욕구와 감정을 통제하기가 쉽지 않다. 그렇기 때문에 자칫하면 잘못된 길로 빠지기 쉽다.

하지만 이성적 판단에 따라 자신의 욕구를 절제하는 중용의 자세를 실천하고자 노력하다 보면, 청소년기의 지나친 감정이나 욕구를 올바르게 통제할 수 있다.

올바르게 살라고 하면서도 어떻게 사는 것이 올바른 삶인지는 제대로 가르쳐 주지 않는 오늘의 현실에 비추어 볼 때, 《니코마코스 윤리학》은 아주 구체적으로 올바른 삶, 즉 행복에 이르는 방법들을 알려 주는 책이라고 할 수 있다. 그래서 누구보다도 청소년들이 이 책을 읽어 보고 삶의 지침으로 삼기를 바란다.

아리스토텔레스 연보

기원전 384년	그리스 북부 마케도니아의 작은 도시 스타게이로스에서 태어났다. 의사인 아버지의 뒤를 잇기 위해 의학 수업을 받기도 했으나, 아테네로 가서 공부하기를 더욱 원했다.
기원전 367년	플라톤이 세운 아카데미아에 입학, 20년간 이곳에서 공부했다. 매우 부지런했으며, 책 읽기에 매우 몰두하여 플라톤으로부터 '책벌레'라는 별명을 얻기도 했다.
기원전 348년	헤르메이아스 왕의 초청으로 아테네를 떠나 트로이 근처 아소스로 갔다. 학생들을 가르치고 책을 쓰면서 3년 동안 이곳에서 살았다. 이 시기에 헤르메이아스 왕의 조카이자 양녀인 피티아스와 결혼했다.
기원전 345년	아소스에서 3년을 보낸 뒤, 레스보스 섬으로 건너가 이곳에 살면서 생물학, 특히 해양 생물의 다양한 생태에 관해 연구했다.

기원전 343년	마케도니아로 초빙되어 필리포스 대왕의 아들을 지도 했는데, 이 왕자가 훗날 왕위에 올라 알렉산드로스 대 왕이 되었다.
기원전 335년	아테네로 돌아와 자신의 학원 리케이온을 세웠다. 이곳 에서 약 12년 동안 원장으로 있으면서, 교육과 강의뿐 만 아니라 자신의 주요 사상을 발전시켰다.
기원전 323년	알렉산드로스 대왕이 죽자 아테네에 반마케도니아 분 위기가 감돌게 된다. 이로 인해 아테네 법정에 신성모 독죄로 고소되자, 그곳에서 사형당한 소크라테스를 떠 올리며 "아테네 시민들이 다시 한번 철학에 대하여 죄 를 저지르는 것을 막기 위하여 떠난다."라는 말을 남기 고 칼키스로 피신했다.
기원전 322년	칼키스로 피신한 지 1년 만에 죽었는데, 그 원인은 일을 너무 많이 하여 생긴 만성 소화불량의 악화였다.